KB143559

Korean Economy Beyond Challenges

한국경제
도전을 넘어

한국경제
도전을 넘어

초판 1쇄 인쇄 2013년 12월 6일
초판 1쇄 발행 2013년 12월 13일

지은이 김인철
펴낸이 김준영
펴낸곳 성균관대학교 출판부
출판부장 박광민
편 집 신철호 · 현상철 · 구남희
디자인 이민영
외주디자인 아베끄
마케팅 박인붕 · 박정수
관 리 조승현 · 김지현

등록 1975년 5월 21일 제1975-9호
주소 110-745 서울특별시 종로구 성균관로 25-2
대표전화 02)760-1252~4
팩시밀리 02)762-7452
홈페이지 press.skku.edu

© 2013, 김인철

ISBN   979-11-5550-027-9   03320

잘못된 책은 구입한 곳에서 교환해 드립니다.

Korean Economy Beyond Challenges

한국경제
도전을 넘어

김인철 지음

성균관대학교
출 판 부

한국 경제, 도전을 넘어

세계에서 한국 경제의 위상은 대단히 높다. 숫자가 이를 말해준다. 2012년 말 현재 구매력 기준 $1.55조 달러 GDP 규모로서 세계 12위다. 1인당 GDP $32,020달러이다. 수출은 세계 7위이고 수입은 세계 8위이다. 세계 5대 자동차 생산국이고 선진국 경제 클럽인 OECD 회원국이다. 저소득 국가에 적지 않은 공적원조(ODA)를 제공한다. 명실상부하게 G20 국가로서 국제무대에서 신흥국과 선진국을 이어주는 가교 역할을 하는 데 매우 적극적이다. 2010년 서울에서 열린 G20 정상회의에서 의장국 역할도 성공적으로 수행함으로써 대한민국의 위상을 한층 더 높이기도 했다.

그럼에도 불구하고 한국 경제는 지금 여러 가지 도전에 직면해 있다. 저성장, 고실업, 인구고령화 문제가 심각하다. 물론 이런 현상은 세계 경제가 공동으로 겪는 문제이나 우리나라는 정도가 좀 더 심하다. 국내 투자 환경도 점점 나빠지고 있다. 복지에 대한 수요는 빠르게 증가하고 있다. 이런 난제들을 해결하고 헤쳐갈 일이 절대 만만치 않아 보인다. 지금처럼 3%대의 GDP 성장률 가지고는 한국 경제의 밝은 미래를 기대하기 어렵다.

하지만 지난 반세기 우리의 경제 역사는 지금과 비슷하다. 항상 감당하기 어려운 문제를 당면하고 미래경제를 걱정했다. 그래도 결국 우리는 100% 만족은 아니었어도 문제를 해결했고 오늘의 경제 번영을 이룩했다. 앞으로도 비슷한 상황이 계속될 것이다. 그러나 조금씩 더 나은 미래를 만들어갈 수 있으리라는 기대도 있다. 인적자본은 꾸준히 쌓이고 있기 때문이다.

경제학자는 경제의사로서 경제적 병을 고칠 수 있어야 한다는 생각은 시카고 대학에서 얻었다. 배운 이론은 장신구가 아니라 실제 문제를 푸는 데 사용될 수 있어야 좋은 이론이라는 말을 대학원 시절에 선배들로부터 수없이 들었다. 미국 대학에서도 수년 동안 가르쳤고, 한국개발연구원(KDI)에서 정책 연구와, 재무부에서 정책 선택을 위해 수년을 보냈다. 성균관대학교에서 강의로 26년을 보냈다. 긴 세월이었지만, 정말 금방 지나갔다. 국제경제와 경제발전론을 주로 가르치면서 교재용으로 교과서도 몇 권 출간했고, 정책 제언을 위해 수없이 많은 원고를 신문에 기고했다. 지상에 발표된 글을 묶어 책을 낸 것이 이번이 세 번째다. 그동안 본인이 우리나라 경제적 병을 고치는 데 얼마나 기여했는지 알 수는 없으나 원고 하나 하나 작성할 때마다 심혈을 기울였다.

그동안 본인의 글을 실어준 각 언론매체에 본 지면을 빌려 매우 감사드리며, 특히 『디지털타임스』, 『매일경제신문』, 『파이낸셜 뉴스』, 『한국 경제신문』(가나다 순)의 편집 담당자 분께 마음 속 깊은 감사를 드린다. 경제학자가 아무리 좋은 생각이 있어도 언론에서 공감하고 받아주지 않으면 아무 소용이 없다. 그동안 세계를 돌아보고 외국의 경제신문을 접해보지만 한국의 경제신문처럼 열정과 소명감을 가지고 뛰는 경제신문은 보지 못했다. 학계가 하지 못하는 대형 국제학술대회도 신문사의 세계 네트워크를 이용해서 단독으로 하기도 하고 학계와 공동주최도 한다. 경제신문사의 이런 열정이 지속되는 한 우리 경제가 수렁에 빠질 수는 없다고 믿는다.

끝으로 이번에 본인의 정년퇴임을 앞두고 이 책을 출판해준 성균관대학교출판부에 진심으로 감사드린다.

2013년 12월

저자 김인철

| 차례 |

한국 경제, 도전을 넘어

노벨 경제학상이 부럽다고

. . .

지난 10월 14일 노벨위원회는 미국인 경제학자 세 명이 2013년 노벨 경제학상을 공동 수상했다고 발표했다. 로버트 실러(Robert Shiller) 예일 대학 교수, 유진 파마(Eugene Fama) 시카고 대학 교수, 피터 핸슨(Peter Hansen) 시카고 대학 교수가 자산가격의 경험적 분석에 기여한 공로로 노벨 경제학상을 받았다.

노벨상 수상자의 자격과 관련해 가끔 시비가 있었어도 노벨상 수상자들은 거의 평생을 바쳐 자신의 분야에서 헌신했다는 사실에는 세계가 인정한다. 노벨상 수상자가 되는 절차는 매우 까다롭다. 공적이 우수하여 노벨상을 받을 만한 사람이 많기 때문에 우선 살아 있어야 자격이 있다. 노벨상 후보가 되려고 자신을 추천할 수 없으며, 추천자의 이름은 50년이 지난 후 알려진다.

노벨 경제학상은 1969년부터 시작돼 올해가 45회째지만 그동안 공동 수상자가 있어서 총 수상자는 74명이다. 이 중 51명이 미국 국적 교수다. 노벨상 수상자를 대학별로 계수할 때, 대학당국은 자기 대학에서 학생 또는 교직원으로 재직한 사람은 모두 포함시킨다. 어떤 사람이 학교를 여러 번 옮긴 후 노벨상을 받으면 그만큼 총 노벨 교수의 수는 실제보다 많아진다. 이런 식으로 계산해서 2013년까지 노벨 경제학 교수를 배출한 10대 대학 순위가 최근에 발표됐다. 시카고대 28명, MIT 20명, 하버드대 18명, 버클리대 17명, 스탠퍼드대 16명, 컬럼비아대 14명, 예일대 14명, 프린스턴대 12명, LSE(런던경제대학원) 11명, 그리고 공동 10위에 케임브리지대, 옥스퍼드대, 카네기멜론대 3개 대학이 각 9명이다. 개별 대학 기준으로 보면 시카고 대학이 제일 앞서 있다.

시카고 대학을 대표하는 노벨 경제학자는 누가 뭐래도 밀턴 프리드먼 교수(1912~2006)다. 그는 시카고학파의 태두로서 자유시장 창달과 작은 정부의 우월성을 증명하는 연구를 평생 동안 추구한 학자였다. 시카고학파와 쌍벽을 이루는 학파가 케인스학파이다. 1929~1933년 대공황 때 시장의 자동조절 기능은 멈추어버렸다. 이때 영국의 대표학자 존 케인스(1883~1946)가 그의 일반이론을 통해 주장한 정부의 적극적인 공공정책이 채택됨으로써 세계 경제가 가까스로 회복을 했다. 그때부터 케인스학파는 지금까지 명맥을 유지해오고 있다. 그러나 1960년대에 세계 경제가 정상으로 돌아오자, 시카고학파의 주장이 다시 힘을 얻게 됐다. 역사적 관점에서 보면 글로벌 경제위기 때는 정부가, 평상시 때는 시장이 적극적인 역할을 담당함으로써 자유민주 자본주의가 유지된다고 할 수 있다.

이런 맥락에서 케인스학파와 시카고학파 둘 다 존재 가치가 충분히 있다. 그래서 노벨위원회는 특정 학파에 편향돼 있지 않다. 그럼에도 불구하고 시카고학파 노벨 교수가 비교적 많은 이유는 정부개입을 선호하는 케인스학파 학자 중 적지 않은 수가 일찍부터 대학을 떠나 정부 또는 기업체로 들어가기 때문이다. 경제학은 사회과학으로서, 특정 경제적 가설을 실증적으로 분석하고 규명하는 데는 오랜 시간이 걸린다.

74명 노벨 교수 중 90대에 노벨상을 받은 사람이 2명, 80대 교수가 2명, 70대 교수가 22명이다. 50대에 상을 받은 이는 12명밖에 안 된다. 전체 노벨 교수 중 65세 이상이 75%를 차지한다. 한국에서 노벨 경제학상이 나오지 않는 이유도 바로 연령과 적잖은 연관이 있다. 한국 대학들은 교수가 65세가 되면 명예교수 타이틀만 주고 연구실을 비우게 한다. 그래서 뒷방으로 밀려나는 것이다.

이 문제가 일단 해결되면, 앞으로 한국인도 노벨 경제학상을 바라볼 수 있지 않을까. 한강의 기적으로 불리는 경제성장 신화, 외환위기를 가장 빨리 극복한 나라이기 때문에 인적자본 형성과 경제발전 분야가 유망하다. 그러나 이 분야에서 몇 개 가설을 실증 분석하여 1급 국제 저널에 실었다고 될 일은 아니다. 시카고학파든 케인스학파든 상관없다. 자신의 분야에서 평생 동안 진지하게 연구실적을 쌓은 학자라야 세계적 학자들의 비밀추천을 받게 될 것이고 노벨위원회의 눈길을 끌 것이다. 이를 위해서 노학자들도 연구에 매진하는 학문적 환경과 연구풍토가 함께 조성되어야 할 것이다. (『매일경제신문』「매경시평」 2013. 10. 28.)

글로벌 실업문제, '기술사다리'가 해결

. . . .

지난 8월 28일은 미국의 백인 시민을 포함하여 20만 명 이상의 흑인 시민이 참여한 '직업과 자유를 위한 워싱턴 대행진'이 있은 후 50년이 되는 날이었다. 이날을 기념하기 위하여 미국 언론은 1963년 8월 그날의 감동을 되새기는 기사를 많이 실었다. 특히 『타임』 주간지는 거의 전 지면을 할애하여 아직도 생존하는 그때의 주인공들을 만나 그동안 발표되지 않았던 감동의 역사적 장면을 사진으로 재현하고자 했다.

미국 역사상 가장 많은 시민들이 참여한 이 행사에서 마틴 루터 킹(Martin Luther King Jr.) 목사가 외친 "나에겐 꿈이 있습니다." 연설은 라디오 방송을 타고 전 미국 시민과 전 세계 사람들의 심금을 울렸다. 언젠가는 우리의 자손들이 흑백 차별 없이 친형제 자매와 같이 손잡고 뛰놀며 자유와 평등을 누릴 것이라는 그 꿈을 펼치겠다는 킹 목사의 용기와 호소력에 세계 시민은 큰 박수를 보냈다.

그로부터 50년이 지난 미국은 지금 정치적으로 많은 진전을 이루었다. 우선 미국 시민은 역사상 처음으로 흑인 출신 버락 오바마(Barack Hussein Obama) 상원의원을 43대 미국 대통령으로 선출했고, 이어 선거를 통해 재선의 영광까지 그에게 안겨주었다.

그러나 경제적으로는 아직 갈 길이 멀다. 올해 거행된 '워싱턴 대행진' 50주년기념행사에서 각 연사들은 아직도 많은 미국인은 경제적 자유와 평등을 보장받지 못하고 있어서 그때의 행진은 지금도 계속되어야 한다고 주장했다. 미국 전체 실업률도 높지만 흑인 실업률은 백인 실업률보다 더 높다. 평균적으로 흑인 시민의 교육 수준이 조금 떨어지기 때문이기도 하겠지만, 미국 정치인들은 흑인의 평균 교육 수준을 높이기 위하여 고심하고 있다. 다행히 지금 미국은 경제가 회복되고 있지만 7% 수준의 미국 전체 실업률은 미국 사람들에겐 여전히 높다.

실업에 관한 한, 5%의 낮은 실업률을 유지하는 독일을 제외하고 유로 통화국은 평균 12% 수준으로 미국보다 훨씬 더 심각하다. 유럽에서 두 번째로 경제 규모가 큰 프랑스의 실업률은 지금 11% 이상이며 세 번째로 큰 이탈리아의 실업률은 12.6%이다. 그리스는 29%, 스페인은 27% 수준이다. 유럽 상황을 분석해보면 제조업 기술이 부실하거나, 아예 제조업은 접어두고 서비스업에만 매달리는 국가일수록 글로벌 충격에 쉽게 무너질 수 있다는 결론이다. 독일은 일찍부터 다른 나라들이 서비스업에 열을 올리고 있을 때, 제조업의 중요성을 깨닫고 제조업 기술 연마에 주력했으며, 지금은 동서독 통일 후 경제위기를 맞을 것이라는 우려와는 반대로, 유럽에서 경제 초강국으로 리더십을 유감없이 발휘하고 있다.

　제조업 기술 여하가 세계 무역의 판도를 결정한다고, 해리 존슨(Harry Johnson) 교수가 1970년대 초 이미 주장했다. 그는 시카고 대학에서 밀턴 프리드먼(Milton Friedman) 교수와 쌍벽을 이루었다. 프리드먼 교수는 미국 경제를, 존슨 교수는 세계 경제를 커버했다. 존슨 교수는 생전에 국제금융과 국제무역 분야에서 탁월한 저서 업적을 쌓았으며, 동료들은 그가 노벨 경제학상을 받는 것은 시간 문제라고 했으나 1977년 53세에 타계했으며, 1999년 그의 제자인 로버트 먼델(Robert Alexander Mundell) 교수가 노벨상을 받았다.

　존슨 교수 전까지는 헥셔-올린(Heckscher-Ohlin)의 요소부존이론이 지배적이었다. 그는 동일한 기술에, 2개 상품, 2개 요소, 2개 국가 상황에서 요소 부존은 무역 패턴을 잘 설명할 수 있으나, 2개 이상의 국가, 요소, 상품이 존재하는 현실 세계에는 적용되기 어렵다고 하였다. 기존의 고정관념을 버리고 국가마다 산업기술이 다르다고 가정하면 훨씬 위력적인 무역이론이 나올 것이며, 그에 따라 현실적인 정책대안을 마련할 수 있다. 각국은 자국의 과학기술 수준에 맞는 상품을 만들어 수출하고 과학기술이 향상되면 소위 '기술사다리'를 단계별로 올라가 거기에 맞는 고가상품을 수출한다는 것이다. 이렇게 모든 나라가 기술사다리 정책을 쓰면서 국가 특유의 디자인을 곁들이면 국가 간 무모하고 치열한 경쟁은 피하면서 국내 고용을 계속 늘려갈 수 있다. (『매일경제신문』, 매경시평, 2013. 9. 13.)

개도국 자원부국의 딜레마 해결 호소

‧ ‧ ‧

이번 유럽학회의 개최를 위해 유럽중앙은행(ECB)을 비롯하여 여러 금융기관들이 재정지원을 했고, 그 중에서도 아프리카개발은행(AfDB)이 재정적으로 많은 후원을 했다. AfDB는 1964년에 설립되었고, 53개 아프리카 회원국과 24개 비(非)아프리카 회원국이 자본참여를 했다. 비아프리카 회원국은 미국, 영국을 위시해서 주요 유럽 국가를 모두 포함하고 있으며, 일본, 중국, 한국도 AfDB 회원국이다.

학회 첫날, AfDB는 주최 측과 더불어 고텐버그 대학의 대강당에서 '개도국의 구조조정과 천연자원(Structural Change and Natural Resources in Developing Countries)' 세션을 진행했다. 이 세션에서 AfDB의 아베베 시멜리스(Abebe Shimeles) 연구부장이 '천연자원 개발 붐과 아프리카의 미래(Natural Resource Boom and Africa's Future)'라는 제목으로 발제를 했으며, 옥스퍼드 대학의 플뢰그(Rick Van der Ploeg) 교수, 브루킹스 연구소의 존 페이지 박사, 그리고 한국 KIEP의 윤덕룡 박사가 토론을 했다.

세션의 주된 목적은 거의 모든 아프리카 자원부국이 당면하고 있는 딜레마의 해결책을 구하는 것이었다. 아프리카 대륙에는 원유를 비롯하여 다이아몬드, 금, 코발트 등 고가의 광물자원이 많이 매장되어 있다. 아프리카에서 생산되는 총 원유의 85%는 나이지리아, 리비아, 알제리, 이집트, 앙골라 5개국이 생산하고 있다.

시멜리스 박사에 따르면 자원부국의 딜레마는 이렇다. 아프리카 자원부국의 언론매체는 최근 들어 자주 '고가 광물의 새로운 발견'을 헤드라인 뉴스로 발표한다고 한다. 국가적으로는 정말 반갑고 고마운 뉴스임에 틀림없다. 그런데 당사국의 많은 식자들은 별로 반기는 모습이 아니라는 것이다. 왜냐하면 자원이 본격적으로 개발된 후 국민생활은 예전보다 더 어렵게 될 수 있다고 걱정하기 때문이다.

AfDB가 제시한 실증연구에 따르면, 광물자원 개발이 성공한 후 운영을 잘하면 저소득 국가에서 중간소득 국가로 가는 데 시간을 16년이나 앞당길 수 있으며, 만일 운영을 제대로 하지 못하면 자원을 개발하는 것보다 자원개발 없는 성장전략이 오히려 중간소득 국가에 더 빨리 도달할 수 있는 것으로 분석되었다고 했다.

플뢰그 교수에 의하면, 그것은 새 광구를 개발하고 생산에 성공해도 관료부패와 정치 불안 등으로 국가 경제가 오히려 퇴보하는 경우가 많기 때문이란다. 자원개발에 성공해도 사후관리를 철저히 하지 않으면 아무 소용이 없다는 것이다. 문제는 사후관리를 잘해

줄, 정직하고 능력 있는 정치 세력이 국내에 없다는 점이라고 했다.

페이지 박사는 정치적 이유 이외에도 경제적 이유가 많다고 지적했다. 자원을 개발하여 외화를 얻으면 외환시장에서 국내 통화 가치가 상승하여 외국산 제품의 수입이 늘어나고 국내 산업의 경쟁력이 저하되는 부작용이 생긴다는 것이다. 그리고 국내통화량도 늘어나 인플레 압력이 상승하는 것을 조심해야 한다고 하였다. 윤덕룡 박사는 자원개발이 성공적으로 실행된 후 자금이 생기면 구조조정을 해야 한다고 하며 1997년 외환위기 이후 한국의 구조조정 성공 사례를 소개했다.

토론 과정에서 남아프리카 바로 위에 위치한 보츠와나 (Botswana)가 자원부국 딜레마의 예외적인 경우로 소개되었다. 이 나라는 세계 최대 다이아몬드 생산국이면서 구매력평가 기준으로 1인당 14,000달러를 유지하는 아프리카 제4위의 부국이다. 필자는 10여 년 전, 세계은행이 주관하는 세계외채전문가회의에 참석하느라 보츠와나를 방문한 적이 있다. 그때 보츠와나의 저력을 필자는 미리 읽을 수 있었다.

수백 년 전부터 네덜란드에 이어 영국이 소문에만 듣던 다이아몬드 광을 찾으려고 온갖 노력을 다했지만 결국 실패하고 지쳐서 척박한 사막 땅인 보츠와나를 떠나갔다. 보츠와나는 1967년 9월 영국으로부터 독립한 후 1년도 채 되지 않아 어느 산 전체가 다이아몬드 광이라는 사실을 우연히 알게 되었다. 이 나라 국교가 기독교라서 대다수의 국민들은 이것이 하나님의 축복이라고 생각했다.

보츠와나의 성공 비결은 다름 아닌 교육 수준이 높은 국민, 근면하고 성실한 근로자, 유능한 정부, 청렴한 관료에 있었다. 공식 언어가 영어라서 대내외적으로 소통이 원활한 것도 큰 도움이 되었다.

필자는 자원부국의 딜레마를 해소하기 위해 이러한 비경제적 해법 외에도 경제적 해법을 찾아야 한다고 생각한다. 한 가지 방법은 광물의 해외 판매대금 전액을 국내 통화로 바꾸지 않고 해외에 예치해두고 필요할 때 조금씩 인출하여 사용하는 것이다. 다른 방법은 판매대금을 국내 통화로 전환하더라도 국내 인플레 발생을 방지하기 위해 국공채 매각을 통해 통화를 환수하는 것이다. 끝으로 확보된 자금을 가지고 공업화에 필요한 구조조정을 착실하게 적극 추진해나가는 것이다. 이렇게 하여 아프리카의 자원부국은 자원개발 딜레마에서 벗어나 빈곤 탈피와 공업화라는 두 가지 토끼를 잡음으로써 지속적 성장을 구가할 수 있을 것이다. (e매경. 2013. 9. 3.)

2013 유럽경제학회 현장 르포

. . .

스웨덴에서 두 번째로 큰 도시인 고텐버그(Gothenburg)에서 제 28차 유럽경제학회 연차총회(EEA) 및 국제학술대회와 제67차 계량경제학회 유럽총회(ESEM)가 8월 25일부터 30일까지 동시에 진행되고 있다. 이 두 큰 학술대회를 고텐버그 대학이 일사분란하게 진행하고 있으며, 여기에 2,000명이 넘는 회원들이 참가하고 있다.

고텐버그는 지금 낮 기온이 섭씨 25~27도로 선선하며, 이번 기간 동안에 화창한 날씨가 계속된다고 하여 사람들의 표정도 매우 밝다. 스웨덴의 총 인구는 800만 명 정도로 국토 면적에 비해 인구가 적다. 고텐버그 주민은 50만 명 정도인데, 낮에도 대학 주변 거리는 한가하다. 그러나 학교에서 조금만 벗어나면 다양한 노선의 버스와 전차가 자주 오가고 있어서 대중 교통수단이 매우 편하게 되어 있다.

유럽경제학회장은 스페인 마드리드(Madrid)에 있는 화폐금융대학원의 매누엘 아렐라노(Manuel Arellano) 교수이며, 계량경제학회장은 2000년 노벨 경제학상을 받은 시카고 대학의 제임스 헤크먼(James Heckman) 교수이다. 이번 세션 중에서 특별히 시선을 끄는 것은 국제거시경제학(international macroeconomics) 세션, 가족경제학(family economics) 세션, 그리고 노동·거시경제학(labor and macroeconomics) 세션이다.

이번 행사에서 국제거시경제학 세션은 사람들의 특별한 관심을 끌고 있다. 이번 학회의 주최 측은 국제금융(international finance), 화폐경제학(monetary economics), 기업재무(corporate finance) 등의 전통적인 주제를 위한 독자적 세션에 덧붙여 국제거시경제학 세션을 새로 만들어서 적지 않은 수의 논문을 선보이고 있다. 일반적으로 글로벌 경제의 상호의존성, 글로벌 금융위기의 전이, 국제통화제도의 개혁, 글로벌 인플레이션과 환율제도, 글로벌 불균형과 디레버리징(투자축소), 유로존(Euro zone) 위기, 한국의 근혜노믹스, 일본의 아베노믹스, 중국의 리커노믹스 등이 국제거시경제학 범위에 들어간다고 볼 수 있다.

가족경제학은 미국뿐 아니라 유럽 경제학계에서도 큰 관심을 가지고 있는 주제이다. 21세기를 맞아 신흥국가와 고소득 국가는 출산율의 급감에 따라 인구성장이 급격히 둔화되고 노동인력이 빠르게 줄어드는 상황을 맞게 되었다. 이런 상황을 분석하고 향후 대두될 문제를 해결하고자 시카고 대학의 베커 교수를 위시하여 여러 학자들이 가족경제이론을 발전시켰다. 이 이론에 따르면, 부부 두 사람이 자신들의 평생효용을 최대화하는 관점에서 부부의 최적 평생소비, 최적 자녀수, 그리고 자식에게 남겨주는 최적 재산을 결정한다는 것이다. 부부의 임금이 오르면 소득 효과에 따라 자녀 수요가 증가하여 여성의 출산율이 상승한다. 그러나 여성의 임금상승률이 충분이 오르면 여성은 자신의 노동시간의 기회비용이 그만큼 높아지면서 시간이 많이 소모되는 출산과 양육에 대한 의욕이 줄어든다. 결국 한 나라의 출산율과 자녀수는 부부의 통합소득과 부부가 집안에서 시간을 적절히 할애하고 어떻게 역할 분담을 할 것인가에 달려 있다.

필자는 이번 학회 참여를 통하여 노동 공급과 거시경제학의 관계에 대하여 새로운 인식을 갖게 되었다. 노동 공급은 단기적으로는 경기변동의 영향을 받게 되지만, 장기적으로는 오히려 경기변동의 주요 요인으로 작용한다는 점이다. 예컨대 경기 침체기에는 여성의 임금이 낮기 때문에 차라리 가사(家事)를 선택함으로써 단기적으로 노동 공급을 줄인다. 임금은 하락하고 노동 공급은 감소함으로써 두 변수는 단기적으로 같은 방향으로 움직인다. 그러나 장기적으로는 반대로 움직인다. 예컨대 학교 공부나 집안일이 싫어져서 직장을 택하는 젊은 여성이 많아지면 장기적으로 노동 공급이 증가하고, 따라서 노동시장에서 임금이 하락한다. 그래서 기업 투자와 생산이 늘어나 경기가 활발해진다. 이와 같이 노동 공급과 임금이 반대로 움직이는 상황을 놓고 국별, 시대별 실증 분석을 통하여 노동시장의 변동원인을 규명할 수 있으며, 노동시장의 변화를 예측할 수도 있다.

금융위기는 유럽 학계에서도 매우 중요한 문제로 인식되고 있어서 이에 관한 논문도 비교적 많이 발표된다. 유럽 경제의 앞날은 이곳 학자들도 매우 비관적으로 보고 있다. 물론 IMF, EC(유럽집행위원회), ECB(유럽중앙은행)가 그리스, 포르투갈, 스페인 등 남유럽의 경제회복을 위하여 공동의 노력을 기울이고 있으나 실효를 거두려면 좀 더 많은 시간이 필요하다.

세계은행의 수석 이코노미스트를 역임했으며 지금은 브루킹스 연구소 선임연구원인 존 페이지(John Page)는 유럽 경제에 관하여, 유럽 경제의 선도국인 독일과 프랑스는 서서히 회복하고 있으나 이탈리아는 여전히 힘들어하고 있으며, 유럽 전체가 회복하려면 아직도 시간이 꽤 걸릴 것으로 내다보고 있다.

세계 경제는 거의 한 지붕 밑에 있다. 거대 중국을 제외하고 세계의 거의 모든 국가는 자본시장이 개방되어 있어서 대규모 단기 투기자금이 수시로 움직이기 때문에 자국의 경제 구조가 약하든 강하든 관계없이 언제든지 외환위기와 금융위기에 노출되어 있다. 한국의 경제도 예외가 아니다. 물론 한국의 경상수지가 18개월째 흑자를 시현하고 있으나, 실제 경제성장률이 잠재성장률에 못 미치고 있으며, 초저출산과 빠른 고령화 때문에 실업률이 좀처럼 낮아지지 않고 있다. 설상가상으로 대기업은 해외로 생산기지를 옮길 계획을 하고 있다. 이런 상황에서 중국 경제의 성장둔화는 한국의 수출을 급격히 떨어뜨릴 수 있으며, 미국의 양적완화 축소는 한국의 외환 및 금융 사정을 심각하게 악화시킬 수 있다. 그러므로 한국 경제의 대외 환경의 변화를 예의 주시하고 기민하게 대응할 준비를 갖추어야 할 것이다. (e매경, 2013. 9. 2.)

노벨 교수의 미소(微少)금융과
한국의 미소(美少)금융

■ ■ ■

지난 7월 말 한국고등교육재단 초청으로 유누스(Muhammad Yunus) 박사가 한국을 다녀갔다. 그가 만든 미소(微少)금융은행(Grameen Bank)의 성공 비결과 사회적기업의 성공 사례를 한국인에게 들려주는 것이 방한 목적이었다. 그는 방글라데시의 중류층 보석상의 아들로 태어나서 미국 밴더빌트 대학에서 경제학 박사를 받은 후 귀국해 치타공 대학의 경제학 교수가 되었다. 그러나 편안한 교수직을 버리고 사회운동가로 변신하여 정열적으로 세계 빈곤 퇴치에 기여한 공로로 2006년 노벨 평화상을 받았다.

유누스 박사의 미소금융은 1970년대 중반 마이크로 크레디트(micro credit)라는 명칭으로 빈민과 여성에게 무보증 무담보로 작은 금액의 창업자금을 지원하면서 시작됐다. 2013년 1월 현재 방글라데시 인구의 0.5% 정도인 830만 명에게 500달러 정도의 소액을 저금리로 제공하고 있다. 놀랍게도 대출 수혜자 중 97%가 여성이며, 대출의 97%가 만기에 어김없이 상환되고 있다. 미소금융은 세계로 뻗어나가 미국, 캐나다, 프랑스, 네덜란드, 노르웨이 등을 포함한 58개국에서도 빈곤층을 위한 미소금융이 성공적으로 운영되고 있다.

미소금융이 지금까지 성공해온 이유는 신뢰와 연대책임 원칙을 철저하게 지켰기 때문이다. 미소금융은행은 비록 담보와 보증이 없어도 이들의 자활 능력을 믿고 사업자금을 지원하였으나 처음부터 자선기관으로 시작하지 않았다. 영업비용을 제외한 수익은 고스란히 추가재원이 되게 함으로써 대출기금을 계속 불려 나갔다.

미소금융의 연대책임 원칙이란 3~5인을 1개 사업체로 해서 팀장이 리더십을 가지고 이끌어 가며 사업 운영에 대해 협의하고 어려울 때 서로를 격려하고 도움으로써 결국 자활사업이 성공할 수 있게 유도하는 것이 연대책임의 원칙이다. 남의 돈을 빌려 벌이는 사업에 팀원 각자가 책임을 느끼게 함으로써 도덕적 해이 문제를 해결해나가는 것이다.

우리나라의 미소금융은 정부가 시작했다. 2009년 12월 정부는 서민의 경제적 자립을 지원하기 위하여 마이크로 크레디트 규모를 대폭 확대한 '미소(美少)금융 중앙재단'을 출범시켰다. 2019년까지 휴면예금 7,000억 원, 1조 원의 대기업 기부금, 금융회사의 3,000억 원의 금융회사 기부금을 합해 총 2조 원 이상의 기금을 조성할 것으로 알려져 있다.

이렇게 시작한 미소금융은 불행하게도 성공할 가능성이 매우 희박하다. 도덕적 해이는 물론이고 "밑 빠진 독에 물 붓기" 식이기 때문이다. 서민에게 창업자금을 지원한다고 하니 정치적으로는 좋은 정책 같으나 경제적으로는 나쁜 정책이다. 대기업과 금융사로부터 기부금을 억지로 받아 정부가 이 사업을 주도하는 이상 당사자들은 반드시 성공해야 한다는 절박한 마음이 결여될 수밖에 없다. 이렇게 되면 기업이 대가를 바라지 않고 계속 기부금을 내리라는 보장도 없다. 서민의 대출 수요는 많은데 기금이 금방 고갈되면 정치적 불만 세력은 더욱 커질 것이다.

지금 가장 큰 문제는 지원 대상인 서민의 수가 너무 많은 것이다. 서민이란 일반적으로 중류 이하의 넉넉지 못한 생활을 하는 사람을 가리키는데 나라마다 서민의 절대적 기준을 만들기는 어렵다. 예컨대 우리나라의 서민은 방글라데시의 중산층 이상이 될 수 있기 때문이다. 각국은 정책적 관점에서 소득계층을 여러 개로 나눔으로써 상대적 기준을 만든다. 상위 20%는 상류층, 중위 30%는 중산층, 중하위 30%와 하위 15%를 합친 것이 서민층, 최하위 5%는 자활 능력이 없는 국가보호 대상이다.

미소금융이 성공하려면 개혁이 필요하다. 지원 대상을 서민 중에서도 소득 하위 15%의 자활 능력이 있는 사람으로 한정시켜야 한다. 우리도 유누스 박사의 성공 전략에 따라 상대적으로 사회적 지위가 낮은 여성을 주 대상으로 제한하면 지원 대상이 반 이상으로 줄어들 수 있다. 이렇게 되면 미소금융이 오랫동안 지속가능해질 뿐만 아니라 여성 일자리가 크게 늘어날 수도 있어 사회적 정의 실현에도 부합된다. (『매일경제신문』, 매경시평. 2013. 8. 19.)

큰 행복, 작은 행복

. . .

인간은 동서고금을 막론하고 행복을 추구해왔다. 우리나라 현행 헌법 제10조에도 "모든 국민은 인간으로서 존엄과 가치를 가지며, 행복을 추구할 권리가 있다"라고 규정하고 있다.

그런데 막상 '행복이란 무엇이며 그 결정 요인은 무엇인가?'의 질문에 대해 한마디로 설명하기 어렵다. 사회학자들은 행복은 각 개인에 따라 다르게 생각하기 때문에 정의하기 힘들고 측정하기도 어렵다고 한다. 행복의 결정 요인은 아동기에서부터 노년기까지 연령별, 성별로 다양하고 시대에 따라 변하기 때문이다.

그래도 큰 범주의 기준에서 보면 돈, 권력, 명예, 건강, 젊음, 이네 가지가 행복의 결정 요인이 될 수 있다. 인간은 누구나 태어나면 오래 살아야 80~90세 살면서 생로병사(生老病死)로 일생을 마감한다. 그래서 인간에게 짧게 주어진 젊음에 대해 큰 욕심을 내지 않는다. 건강에 대해서는 관리를 잘해서 될수록 오랫동안 건강을 유지하려고 돈과 시간을 투자하는 사람들이 점점 많아지고 있다. 그러나 사람들은 돈, 권력, 명예를 얻으면 행복해질 것이라 믿고 젊었을 때 엄청난 노력을 한다. 돈, 권력, 명예는 한정되어 있기 때문에 다른 사람들을 피나는 경쟁에서 물리쳐야 얻을 수 있다. 어떻게 보면 남을 제치고 얻을 수 있을 때 느끼는 행복은 큰 행복이라고 할 수 있다.

실제에 있어서 지극히 소수이지만 이 세 가지를 다 얻는 사람이 있는가 하면 한 가지나 두 가지를 얻는 사람이 있다. 대부분의 경우 처음 이것을 얻을 때는 행복감을 느끼지만 그것은 잠시뿐이다. 얻은 것을 계속 유지하기 위하여 전보다 더 노력해야 하기 때문에 그 후로부터는 행복과는 거리가 먼 생활을 계속하는 사람들이 많다. 큰 행복은 잠시인데 그에 따른 육체적 심리적 비용은 측정하기 힘들 정도로 엄청나다.

그럼에도 불구하고 스스로 머리가 좋고 능력이 뛰어나다고 생각하는 사람들은 이 세 가지의 큰 행복을 얻으려고 동분서주하고 안간힘을 쓴다. 인간의 이러한 행복 추구는 과거에도 그랬고 앞으로도 그럴 것이다. 왜 그럴까? 신이 인간을 창조할 때 그런 속성을 가진 DNA를 인간에게 불어넣어 주어서 그럴까?

인간이기 때문에 큰 행복을 찾아 나설 수밖에 없다는 입장을 취한 사회학자 한 분을 필자는 잘 알고 있다. 그는 한국 사회학 초창기 개척자인 서울대학교의 이만갑 교수님이다. 그는 2010년 89세로 별세하셨는데 살아생전에 경제학 교수인 필자에게 많은 영향을 끼친 분이다. 그분은 필자의 외삼촌인데 평안북도 신의주에서 태어나 일본 동경제국대학 문학부 사회학과를 졸업했고, 1946년 서울대학교 사회학과 창설 멤버로 참여하셨다. 그분은 인간은 평생 남과 자신을 비교하고 남과 치열하게 경쟁하기 때문에 개인의 비극이 시작되는 것이지만 또한 그 때문에 사회가 발전하는 것이라고 주장하셨다.

그가 돌아가시기 2개월 전, 평생 동안 연구 끝에 내린 결론이라며 필자에게 이런 말씀을 하셨다. 사회가 진화하고 발전하는 동안 인간은 남과의 비교와 경쟁을 통해 다음 네 가지 핵심 기술을 개발했다는 것이다: 세상을 지배하기 위한 무기제조 기술, 기본 욕구 충족을 위한 대량생산 기술, 상호이해를 위한 소통 기술, 스트레스 해소를 위한 자아제어 기술을 개발해왔다고 하였다. 결국 인간은 정복과 권력이라는 큰 행복을 추구하려고 이 네 가지 기술을 개발했다고 볼 수 있는 것이다. 그분은 젊었을 때, 자신은 무신론자라고 자처하였으나 말년에는 가톨릭 신자로 귀의해 '토마스 아퀴나스' 세례명까지 받으셨다.

필자는 1960년대 중반에 기독교 사립학교인 배재학당을 다녔다. 이 학교는 1885년 미국 북 감리교 선교사 아펜젤러(Henry G. Appenzeller)가 세운, 우리나라 최초로 외국인이 설립한 근대적 사립학교이다. 배재학당 교명은 1886년 6월 고종이 직접 내려준 것이다. 필자는 지금까지 살아오면서 성공하여 기뻐하는 사람보다 실패에 괴로워하는 사람을 더 많이 보았다. 행복은커녕, 불행을 달고 사는 사람들이 주위에 너무나 많다. 이런 분들에게 무슨 행복을 논할 수 있을까? 비록 상황은 이렇다 할지라도 큰 행복은 아니지만 작은 행복은 말할 수 있다.

우리 경제는 지난 40년 동안 고도로 성장해왔다. 산업화 성장 전략 덕분에 가난한 농업국가에서 이제는 잘사는 공업국가로 바뀌었다. 도시에는 아파트 주거문화가 형성되었으며, 지하철 교통 수단은 세계 일류 수준이다. 경제성장이 시작되던 1960년대에 서민이면 꿈도 못 꾸던 승용차를 지금은 한 집 1대는 물론이고 2대 가진 집도 무수히 많다. 물질적으로 우리나라는 이제 선진국이라고 외국인 방문자는 입을 모아 말한다. 그러나 우리가 마음에 느끼는 행복은 그때보다 별로 나아진 것이 없고 오히려 더 못하다고 느낄 때가 많다. 큰 행복은 순간적이나 인간의 욕심은 무한하기 때문이다.

우리는 자주 엘리베이터를 이용한다. 낯선 사람이지만 서로 눈인사를 나누면 같이 탄 사람들은 모두 작은 행복감을 느낀다. 전철 안에서도 조그만 일이지만 상대를 배려해주면 두 사람은 물론이고 이를 지켜본 옆 사람도 작은 행복을 느낀다. 승용차를 몰 때에도 마찬가지이다. 양해를 구하고 양보하면 서로 행복해진다. 이 밖에 작은 일이지만 배려하고 감사할 일들이 무수히 많다. 실천만 하면 작은 행복이지만 얼마든지 만들어갈 수 있다. 작은 행복을 추구하는 일에 많은 사람이 참여하면 작은 행복도 점점 커질 수 있을 것이다. (한국연구재단 웹진 8월호, 2013. 7. 18.)

급진적 개혁, 단계적 개혁

. . .

1944년 세계 20개국 정상들이 모여 IMF와 세계은행을 설립하고 미국 달러를 국제통화로 결정했다. 제2차 세계대전이 종료되던 당시 경제 초강대국인 미국의 화폐를 세계 각국이 국제 결제통화로 사용하자는 데 어느 국가도 반대하지 않았다.

IMF가 금 1온스를 35달러로 규정함으로써 달러는 금과 동일한 것으로 간주되었다. 이로써 각국 화폐와 달러 간의 환율은 각국의 금값을 따져 결정되었다. 만성적 무역적자를 타개하기 위해 통화 가치를 낮추려면 반드시 IMF의 동의를 얻어야 했다.

그러다 1971년 8월 15일 닉슨(Richard M. Nixon) 미국 대통령은 달러에 대해 금 태환 정지를 전격적으로 발표했다.

세계 경제에 엄청난 파장을 가져오는 달러의 금 태환 금지를 천천히 점진적으로 실시해야지 왜 그렇게 전격적으로 실시했을까? 이유는 이렇다. 1965년 월남전에 개입한 미국은 전쟁 비용 충당으로 엄청난 양의 달러를 찍어냈고, 달러 인플레의 기미가 생기자

벌써 사람들은 달러로 금을 바꾸기 시작했다. 그런 상황에서 실시 날짜를 얼마간 주면 세계 각국은 지니고 있던 달러를 미국 은행에 가지고 와서 금으로 바꾸려 할 것이고 그렇게 되면 미국에 있던 모든 금이 금방 바닥이 날 것이기 때문이었다. 그러면 미국 경제는 파탄이 나고 이어 세계 경제도 붕괴된다. 그래서 주요 선진국들은 미국의 결정을 사전에 설명을 듣고 동의했다.

고정환율제도 하에서 IMF로부터 새로운 환율을 인정받는 경우에도 발표와 동시에 효력이 시작됐다. 그렇게 하지 않으면 숨어 있던 돈은 미리 부동산이나 다른 재화를 매입하는 데 사용될 것이기 때문이다.

하지만 세율을 변경하고 조세제도를 바꾸는 경우, 입법 과정이 끝나더라도 당장 실시하지 않는다. 한번 바뀌면 한동안 계속될 것이므로 사람들이 새로운 제도에 어느 정도 적응할 수 있게 사전 준비기간을 허용한다. 대형 은행이 합병을 하여 정상 운영에 이르려면 준비 기간이 필요하다. 상업은행과 한일은행이 1997년 외환위기를 겪고 1년 뒤인 1998년 합병하여 지금 우리은행이 됐고, 조흥은행과 신한은행은 2005년 합병하여 지금 대형 신한은행이 됐다. 합병 후 어느 은행이든 조직 문화가 다른 기존 두 은행이 융합을 이루는 데 상당한 기간이 필요했다.

새 정부가 들어설 때마다 많은 개혁정책이 검토되고 또 실시된다. 이번 정부도 예외가 아니다. 세제를 개혁하고 복지예산을 크게 확대하고 있다. 재정에 관한 법률개정안은 국회를 통과하더라도 실시 기간 전에 어느 정도 준비 기간을 준다. 그래서 사람들이 처음에는 조금 불편해도 곧 적응한다. 가장 어려운 개혁은 역시 기존의 조직을 가르고 붙이는 일이다. 조직을 바꾸는 일은 조직 내 사람을 가르고 합하는 일이기 때문에 당장 실시하면 개혁의 당위성 여부를 떠나 많은 사람이 생물학적 거부 반응을 보이게 마련이다.

금융감독기구 개편도 같은 범주에 들어간다. 국민경제 관점에서 금융 소비자도 금융 공급자도 함께 중요하다. 성격이 다른 여러 조직이 분리되고 합쳐지는 일이기 때문에 당연히 거부 반응도 심하고 그에 따른 사회적 비용도 많을 것으로 예상된다.

민주국가에서 사안이 중대한 선택은 국회를 통해 다수 국민이 결정한다. 이번 8월 국회에서 지금 왜소한 금융소비자보호처를 독립된 소보원으로 확대해 신설하기로 한다면, 당장 새로운 인력이 적어도 수백 명 필요할 것이다. 겹겹이 쌓인 갈등 구조 속에서 출범하는 새 금융소비자보호기구가 제대로 뿌리를 내리게 하면서 사회적 비용도 함께 줄이려면 정교한 일정표를 만들어 단계별로 실시하는 게 바람직하다. 개혁이라는 명분을 앞세워 밀어붙이기 식으로 정책을 추진하면 본래 취지를 못 살리고 폐단만 늘어날 수 있다. (『매일경제신문』, 매경시평, 2013. 7. 15.)

출구전략 발표와 금융시장의 과민 반응

...

지난 6월 22일 버냉키(Ben Bernanke) 미 연준 의장은 일찍부터 많은 사람들이 예상했던 대로 미국의 출구전략계획을 발표했다. 버냉키는 연준 의장이면서 동시에 연방공개시장위원회(FOMC)의 의장이기도 하다. 12인이 위원으로 소속되어 있는 FOMC는 연말까지는 계속해서 매월 850억 달러어치의 채권을 사들임으로써 통화를 시장에 공급할 것이나, 그 후부터는 통화 공급을 점차 줄여감으로써 1년 후인 2014년 중반에는 양적완화를 끝낼 것이라고 했다. 이에 덧붙여 비록 그때 가서 채권매입 형식을 빌린 양적완화정책이 공식적으로 끝나더라도 계속해서 금융 확대 기조를 유지해야 미국 경제에 도움이 될 것이라고 했다.

　FOMC가 이 같은 결정을 내린 배경은 미국 경제의 확실한 회복 추세와 실업률 하락 추이였다. 사실 이 같은 발표 내용은 버냉키 혼자만의 생각이 아니다. 현재 연준 부의장이며 차기 연준 의장에 영순위로 거론되고 있는 재닛 옐런(Janet Yellen) 박사를 포함하여 기라성 같은 12인 위원의 다수의 견해가 담긴 것이다. 여기 12인 중 7인은 연준 이사이며 나머지 5인은 뉴욕연방은행 총재를 포함하여 5개 지역 연방은행 총재들이다. FOMC는 적어도 1년 이상을 남겨두고 출구전략을 사전에 알림으로써 글로벌 금융시장에 주는 충격은 그리 크지 않으리라 예상하였다.

그러나 시장의 반응은 의외로 부정적이었으며 충격 파장도 심각할 정도로 컸다. 출구전략이 기정사실화되면서 중장기 금리 상승이 예상돼 채권 가격이 곤두박질했다. 신흥국은 한술 더 뜨는 상황이 벌어졌다. 한국도 마찬가지였다. 미국 본토의 경제 회복과 금리 상승 예상은 신흥국에 투자했던 자금을 다시 불러들이는 효과를 가져왔다. 외국인 증권 투자자들이 '팔자'로 돌아서면서 금융시장이 요동을 쳤다. 이 같은 상황에 대해 버냉키가 발표를 너무 서둘렀다고 비판하는 학자들이 있는가 하면, 시장이 너무 탐욕적이고 비이성적으로 반응한다고 비난하는 사람들도 있었다.

이런 현상에 대해 2004년 노벨 경제학상을 받은 프레스콧(Edward C. Prescott) 교수의 대답은 의외로 간단했다. 그는 6월 말 서울서 개최되는 국제학술대회에 참가 중이었는데, 공개발표장에서 제기된 버냉키 발표 후폭풍에 대해 명쾌하게 설명했다. 버냉키가 제시한 출구전략 1년 일정표를 놓고 시장 참여자 특히 단기 투기자들은 향후 만기별로 다양한 금리와 채권수익률에 대해 기존의 예상치를 계속 수정하면서 보유 국채를 경쟁적으로 팔아치웠으며, 이것은 단기 금융시장을 극도로 불안하게 만들었다.

미국의 출구전략의 배경과 시장의 반응은 그렇다 치고 일본의 아베노믹스의 종료와 유럽의 출구전략은 글로벌 금융시장을 또다시 흔들어놓을 것이 분명하다. 일본 엔화와 유로화는 세계적으로 유통되는 국제통화이다. 경기부양을 위해 이 두 통화가 양적으로 팽창되어도 국제통화이기 때문에 국내 인플레로 되기까지는 시간이 좀 걸린다. 그래서 국제통화국은 국내 경기를 부양하는 데 자국 통화를 찍어내려는 속성이 있다. 일본 경제가 정상으로 돌아올 때까지 엔화 통화는 앞으로 상당히 풀려나갈 조짐이다. 문제는 일본이 언제 출구전략을 전개할 것인가인데 5개 남유럽의 경제가 조금씩 회복되고 있으나 아직은 EU 경제 전체의 안정을 장담할 수 없다.

중국은 그동안 지속된 경상흑자 때문에 지금 3조 달러 이상의 외환보유고를 유지하고 있다. 무역흑자가 고공 행진을 계속할 때 중국은 선진국으로부터 엄청난 자본개방 압력을 받았다. 그러나 여전히 사회주의 정치체제를 유지하면서 시장제도를 채택하고 있는 중국으로서는 서양 선진국의 요구를 쉽게 수용할 수 없다. 지금의 자본시장 개방은 상당히 제한적이다. 그 결과 중국은 지금 세계 2대 경제 강국이 되었다. 중국의 외환보유정책 여하에 따라 글로벌 금융시장에서 국제유동성이 광적으로 춤을 출 수가 있으며, 그에 따라 각국의 환율이 요동칠 수 있다. 한마디로 우리가 당면한 국제금융 환경은 불확실성의 연속이다.

글로벌 금융위기는 크든 작든 반드시 온다. 또 자주 올 것이다.

거기에 대비해서 우리는 비상계획을 가지고 있어야 한다. 특히 단기자본이 단번에 대규모로 유출되는 사태를 막는 장치가 있어야 한다. 또 그 내용과 관련 법령도 투명하게 해두어야 한다. 과거 어느 때보다 불확실의 위험이 높은 시대에 일방적으로 자국의 자본시장 개방도만 높여가는 정책은 무의미하다. 외국인 투자자의 입장에서 보면 오히려 역설적으로 정부가 비상시에 자기 보호 능력을 갖추고 있어야 외국인도 우리 정부의 능력을 믿어서 안심하고 투자를 계속 유지하고자 할 것이다. (『디지털타임스』, 2013. 7. 15.)

양적완화 축소 딜레마

. . .

지난 5월에 있은 IMF 심포지엄에서, 멜처(Meltzer) 교수가 FRB의 양적완화(QE)정책은 성공하기 어렵다고 발표하자 세계 금융시장이 출렁거렸다. 그는 카네기 멜론 대학의 원로교수이며 중앙은행 기구와 통화정책의 권위자이다. 그는 Project Syndicate 인터넷 신문(6월 6일자)에 "2차 양적완화를 시도한 2010년 11월~2011년 7월에 FRB는 시중 은행에 채권 매입과 관련해 현금 5,579억 달러를 제공했지만 시중 은행은 방출자금 98%를 지불준비금 형태로 FRB에 다시 예치하여 이자놀이를 했다"고 주장했다. 투자 위험 때문에 시중 은행은 기업대출 대신에 0.25% 확실한 이자를 받을 수 있어 지준예치금을 계속 쌓았다. 작년 12월에 실행한 3차 양적완화 결과도 마찬가지였다. FRB의 방출자금 중 98%는 실물 경제에 보내지 않고 시중 은행이 지준예치금 형태로 가지고 있었다.

이런 일이 계속되면 양적완화정책은 실패할 수밖에 없다고 멜처 교수는 버냉키 의장을 비판했다. 3차에 걸쳐 FRB가 QE를 실행

했으나 그것이 투자, 성장, 고용으로 연결되지 않고 여차하면 물가 앙등으로 치달을 것이라고 주장했다. 이 같은 주장에 대해 버냉키는 시중 은행이 자발적으로 자금을 풀 수 있는 방법을 찾느라 고민하고 있다.

한편 글로벌 금융시장은 양적완화가 조기에 종료될 것으로 예상하고 빠르게 움직였다. 미국 본토 주식시장에 투자하기 위하여 보유한 국내외 채권이나 해외 주식을 급히 매각함으로써 국내외 특히 신흥국 채권시장과 주식시장이 요동을 쳤다.

일부 비판이 있어도 FRB가 양적완화정책을 계속할 수 있는 데는 크게 두 가지 이유가 있다. 하나는 오바마 대통령이 작년 연두교서에서 언급한 혁명적인 셰일 가스가 대량 공급되어 에너지 비용이 급감하고 산업경쟁력이 꾸준히 상승하고 있지만 아직은 가시적인 성장과 고용으로 나타나지 않고 있기 때문이다. 러시아, 캐나다, 미국을 포함한 글로벌 시장에서 천연가스의 현재 가격은 10년 전 가격의 30% 수준도 안 된다. 대체효과로 인해 전통 에너지인 원유 가격도 이미 하향세를 타고 있다. 그럼에도 불구하고 미국 경제의 회복은 재정절벽 때문에 예상보다 느리다. 미국의 양적완화가 지속되어야 하는 다른 이유는 세계가 신뢰하는 국제통화는 아직은 미 달러이며, 국제 외환시장에서 미 달러는 여전히 초과 수요라고 FRB가 믿기 때문이다.

일본도 지금 강한 양적완화를 실시하고 있다. 작년 12월에 출범한 아베 총리 정권은 '잃어버린 20년' 경제 트라우마에서 벗어나기 위해 지난 3월부터 이른바 '아베노믹스'를 추진하고 있다. 일본의 양적완화는 미국과는 다르다고 한다. 물가상승 2%를 목표로 하고 있어서 통화를 아무리 살포한다고 해도 한계가 있다. 양과 질을 동시에 고려한 것이기 때문에 일본의 양적완화는 QE가 아니라 Q^2E(큐 스퀘어 이)라고 일본인은 애써 설명한다.

미국이 양적완화를 종료하려면 세 가지 조건이 충족되어야 한다. 우선 시중 은행에서 자금이 풀려나가야 되니까 그러려면 미국인의 경제 심리가 살아나고 투자 심리가 회복되어야 한다. 둘째, 미국 경제의 회복에 대해 일본인을 비롯하여 외국인들도 어느 정도 확신을 가져야 한다. 최근 버냉키 의장이 양적완화의 종료를 사적 자리에서 넌지시 흘렸으나 세계시장은 아직 미국이 출구전략을 실행할 때가 아니라는 강한 신호를 보냈다. 끝으로 미국 경제의 회복 여부에 관계없이 달러 공급이 많아 국제 금융시장에서 초과 공급 현상이 나타나야 한다. 그때까지 미국은 QE 축소 속도를 조절해야 한다.

일본, 국내 투자 심리가 회복되고 소비 심리가 살아나야 한다. 그렇지 않으면 Q^2E를 실시해도 별 효과가 없을 것이다. 우리도 배울 게 있다. 금리만 내린다고 능사가 아니다. 우리로서는 투자 심리를 살리는 것이 가장 시급한 과제다. (『매일경제신문』, 매경시평, 2013. 6. 14.)

남유럽 청년실업이 주는 교훈

. . .

지난 8월 말 필자는 스웨덴 고텐버그에서 열린 2013년 유럽경제학회에 다녀왔다. 몇 날 동안, 낮에는 경제성장, 금융위기, 계량경제 등의 큰 주제로 학술논문이 회의장에서 발표되었지만 저녁 시간에는 유럽 특히 5개 남유럽 국가의 높은 실업률이 TV 뉴스의 대부분을 차지했다.

청년실업이 가장 심각한 나라는 그리스와 스페인이었다. 16~25세 연령의 청년실업률이 2013년 1월만 해도 그리스 59.1%, 스페인 55.9%, 이탈리아 38.4%, 포르투갈 38.3%이었다. 그러나 8월 말에는 그리스는 62.9%로 치솟았으며, 스페인은 56.1% 완만한 상승을 기록했다. 특히 여름에는 유럽 학생들이 방학을 하고 일자리를 찾기 때문에 실업률이 껑충 뛰는데 올해는 유난히 더 높다는 것이 학회에 참가한 여러 교수들의 설명이었다. 어차피 이런 현상은 이미 예상된 일이었다. 지난 수년간 EU 17개국의 GDP 성장률은 마이너스였기에 새로 노동시장에 쏟아져 나오는 청년 인력을 수용할 수 없으니 청년 실업자는 쌓일 수밖에 없다는 점이다.

그동안 자주 지적되었듯이, 남유럽에 위치한 그리스, 스페인, 포르투갈, 아일랜드, 이탈리아 5개국이 한꺼번에 경제위기를 당한 데는 여러 가지 이유가 있다. 유로화 통합 과정을 거치면서 이미 산업경쟁력이 우세했던 독일은 단일통화 덕분에 독일 제품 가격은 상대적으로 저렴하여 수출경쟁력이 상승했지만 이들 5개국은 국내 제품 가격이 상대적으로 비싸졌기 때문에 무역수지가 급격하게 악화되었다. 이 밖에 선심성 복지, 부실 금융, 관료부패 등이 있지만 경제위기를 막을 수 없었던 이유는 개별 회원국이 자국의 인플레와 성장 목표를 달성하기 위하여 사용할 금융정책이 없었기 때문이었다. 대신 재정정책에만 기대다보니 결국 재정파탄을 초래하였다.

유로화를 단일통화로 사용하는 유로 존 17개국 중에서 독일, 프랑스만 제외하고 거의 모두가 경제적 고통을 받았으며, 특히 남유럽 5국이 치명적인 타격을 받은 것은 이탈리아 북부만 빼고 뚜렷한 제조업 기반을 조성하지 못하였으며, 과거 조상이 남겨준 문화유적을 이용한 관광수입이 국가 재정의 주 수입원이 되게 하였기 때문이다. 이런 상태에서 글로벌 금융위기에 이어 글로벌 불경기가 심화되어 유럽 경제를 급속도로 냉각시켰다.

이와 대조적으로 독일은 동서독 통일 이전에도 회계 및 금융업을 포함하는 서비스 산업에는 시큰둥했다. 독일은 일찍부터 제조업 산업의 중요성을 알고 있었다. 서비스 산업은 분야가 매우 다양하고 복잡하다. 의료사업처럼 부가가치가 높은 서비스업이 있는가 하면 부가가치가 낮은 이발업, 도우미 서비스 등이 있다. 이들 서비스의 공통 특징은 업종의 부침이 심하고, 가격의 상하변동이 심하다. 그러나 제조업은 제조기술의 지속적인 개발을 통하여 제품의 질을 계속 높여감으로써 시장 확대와 고객관리가 상대적으로 매우 쉽게 이루어진다.

결국 어느 나라든 어느 정도의 제조업 산업은 유지하고 있어야 한다. 우리도 그렇고 남유럽도 예외가 아니다. 나라마다 과학기술의 발달 정도에 따라 산업기술 수준이 조금씩 높은 나라도 있고 낮은 나라도 있다. 그러므로 글로벌 경쟁시장에서 살아남으려면 세계 각국은 자국의 기술 수준에 맞는 제품을 만들되 문화적 특성과 디자인을 가미하여 다른 나라와 차별화된 상품을 만들 수 있어야 한다. 개별 국가의 과학기술이 발달하면 그에 따라 자국은 소위 '기술사다리'를 한 단계 올라섬으로써 품질이 한 단계 높은 제품을 수출할 수 있다. 경제 구조를 이런 식으로 전환하면 수출확대를 위한 국가 간의 결사적인 대결은 피할 수 있으며 경제위기도 예방하고 청년실업 문제도 크게 완화할 수 있다. (「디지털타임스」, 이슈와 전망, 2013. 9. 6.)

합리적 규제도 신성장 동력

. . .

지난 15년간 한국 경제가 처해온 글로벌 경제 환경은 매우 불리했다. 중국을 제외한 아시아 맹주국들은 1997년 외환위기를 맞아 경제 기반이 크게 파괴되었으며, 2008년 글로벌 금융위기를 겪은 미국과 일본, 유럽은 지금까지도 경제를 정상적인 상태로 회복시키지 못하고 있다. 이쯤 되자 국제 시민단체들은 신자유 경제체제를 부정하고 미국의 글로벌 금융센터인 월가를 맹비난하기도 했다.

이 와중에 우리 경제는 성장동력을 잃고 과거 1980년대의 6~7% 실질성장률이 반토막 났으며, 지금은 잠재성장률 3.7%보다 훨씬 낮은 2% 성장률대로 내려왔다. 다른 거시지표들도 매우 비관적이다. 청년 실업률 상승 추세는 꺾이지 않고 있으며 소득의 양극화 현상은 더욱 두드러지고 있다.

노사갈등은 해소되지 않고 최근 통상임금의 정상화 이슈 때문에 오히려 더욱 심화될 것으로 우려된다. 가계부채와 신용불량자 수는 계속 늘어나고 있다. 출산율은 줄고 있는 반면에 노동인력은 감소하기 때문에 노령인구가 노후에 쓸 연금이 곧 바닥이 날 수도 있다. 계속되는 엔저와 원고 때문에 수출 전망도 매우 어둡다.

많은 사람들은 우리 경제가 신성장 동력을 찾음으로써 이 같은 저성장의 늪에서 벗어나야 한다는 당위성은 인정하지만 구체적인 방법에는 생각들이 많이 다르다. 경제민주화가 해결책이라는 견해가 있는가 하면, 창조경제구현이 해결책이라 믿는 사람들도 있다. 이 두 가지를 잘 조화시키면 좋은 결과가 나올 수도 있겠으나 경제민주화나 창조경제구현 둘 다 쏠림 현상이 나타날 것이기 때문에 성공 여부는 앞으로 계속 지켜볼 일이다.

실물 경제의 회복 대책은 그렇다 치고 금융경제의 정상화가 큰 문제이다. 그동안 쌓였던 가계부채가 이제는 1,000조 원을 넘어섰으며, 이 때문에 늘어나는 가계부채 상환 부담은 내수진작을 통한 경기부양을 무력화시킬 수 있다. 저성장 저금리 때문에 금융기관 수장들은 마음고생이 많다.

무엇보다 기업의 투자 마인드가 저조해서 금융사들의 수익 전망은 비관적이다. 여기에다 과거 일부 금융사의 대형 스캔들 때문에 금융산업에 대한 국민의 시각이 결코 곱지 않다.

대형 금융 사고의 재발방지 차원에서 금융사의 자기자본 의무 비율은 크게 상향되었고, 금융사의 영업행위 감독도 크게 강화되었다. 과거 역사를 보면 대형 금융사고가 터질 때마다 새로운 규제 때문에 아무리 규제개혁을 해도 규제총량은 넘쳐나는 경향이 있다.

금융규제에 관한 한, 금융상품의 복잡성 때문에 사전규제가 어려운 경우가 많다. 한 예로 원화변동성을 근거로 만들어진 키코(KIKO)라는 파생금융상품을 잘못 샀다가 낭패를 본 중소기업이 많아 한때 심각한 사회문제가 되기도 하였다. 서민 금융기관인 저축은행의 권유로 수익성이 좋다는 후순위 채권을 샀다가 막대한 손해를 본 사건이 발생했다. 이를 계기로 금융소비자 보호가 큰 이슈가 되었다.

정부는 1998년 은행·보험·증권 감독을 통합한 금융감독원을 신설하였으며, 3년 전 금융감독원 내에 금융소비자 보호를 담당하는 기구를 두었다. 그 후 2012년 5월 금융소비자보호처를 발족하여 부원장보급이 처장을 맡게 하였고, 앞으로는 소비자 보호 기능을 더욱 강화하기 위하여 부원장급이 소보처장이 되게 하는 안을 구상하고 있다.

한편 일각에서는 이참에 공정거래위원회나 인권위원회와 같이 장관급이 수장이 되는 거대한 금융소비자보호원을 신설하는 안을 제의하고 있다.

그러나 복수 감독기구에 의한 중복되는 감독 규제는 금융시장 자체를 얼어붙게 만들 수 있다. 어떤 규제든 과하면 안 하는만 못할 수도 있다. 위인설관(爲人設官)용으로 고위 자리를 또 하나 만들어준다는 것도 모양은 결코 좋지 않다. 합리적 규제도 신성장 동력의 일부가 될 수 있다. (『디지털타임스』, 이슈와 전망, 2013. 5. 20.)

금융 · 외환위기 대비책 세워야

. . .

한국은행은 지난주 7개월 만에 기준금리를 0.25% 포인트 인하했다. 4월 금리동결 이후 국내 경제 상황은 별로 달라진 것이 없지만 유럽중앙은행이 5월 2일 기준금리를 0.25% 포인트 인하한 것이 우리나라 금융통화위원들의 마음을 크게 움직이지 않았나 싶다. 만일 이번에도 한은이 금리동결을 결정했다면 국내 금리와 국제 금리의 차가 더욱 벌어져 외국 자금의 유입을 부채질하고 원고 현상이 더욱 심화돼 우리의 수출은 치명타를 받을 수 있다는 우려가 제기됐다.

문제는 여기서 상황이 종료되지 않았다는 점이다. 금리가 제로 수준에 가까운 미국은 금리를 더 이상 인하할 수 없기 때문에 시장에서 채권을 매입하는 형식으로 달러를 지금 풀고 있으며, 앞으로도 이 같은 양적완화정책은 계속될 것이다. 유럽에 이어 일본도 양적완화를 공표한 이상 이들의 무제한 통화 살포는 계속될 것이다.

한마디로 글로벌 환율전쟁이다. 선진국이 황새라면 우리는 뱁새에 불과하다. 우리나라 금융정책은 여러 갈래로 쪼개어져서 각기 다른 부처가 관장하고 있다. 금융정책은 국내 금융정책과 국제 금융정책으로 분리되어 있다. 환율정책을 포함하는 국제 금융정책은 기획재정부가 맡고 있다. 국내 금융정책은 다시 여러 개로 구분하여 금리통화정책은 한국은행이 담당하고 금융시장 관련 미시금융정책과 금융감독 업무는 금융위원회와 금융감독원이 각각 책임지고 있다.

우리나라 금융행정체계의 개편 역사는 견제 기능의 강화를 위한 분리와, 책임 사각지대의 예방을 위한 통합의 연속이었다. 1994년 이전에는 지금의 기획재정부가 경제기획원과 재무부로 나누어져 있었으며, 금융정책은 국내 금융이든 국제 금융이든 재무부 소관이었다. 1970~1980년대 고도 성장기에 자원재분은 재무부가 주도적으로 했지만, 1994년 YS 정권기에 세계화·개방화를 맞아 재무부의 권한 집중을 의식한 나머지 재무부의 기능을 경제기획원에 통합시켜 거대한 재정경제원을 탄생시켰다.

그러나 1997년 외환위기를 맞으면서 야당 출신으로 정권을 잡은 DJ는 비대한 재정경제원에서 기획예산처를 따로 떼냄으로써 재정경제원을 재정경제부로 슬림화하였다. 그리고 기존의 은행감독원, 증권감독원, 보험감독원을 통합하여 금융감독원을 신설하였다. 이때 DJ는 은행감독원이 분리된 한국은행에 대해서는 '물가안정을' 단일목표로 부여하면서 상당 수준의 독립성을 보장하였다. 그 후 2008년 MB정부가 출범하면서 예산 기능을 재정경제부에 다시 복귀시킴으로써 예산과 재정, 국제 금융정책 기능을 갖춘 강력한 기획재정부를 신설하였다. 그 대신 국내 금융정책과 금융감독정책을 금융위원회가 통합적으로 운영하도록 하였다.

지금의 금융행정체제에서 환율안정은 기획재정부의 책임이다. 그러나 주된 수단은 한은이 가지고 있다. 선진국도 자기 살려고 염치없는 자구책을 수시로 집행하는데 우리는 경제장관 모두가 수개월 동안 한은총재의 금리 결정을 기다리고 안절부절못해한다. 이래가지고는 다가올 금융 외환위기에 기민하게 대처할 수 없다. 그러나 정부조직 개편이 마무리되고 새 정부가 출범한 현 시점에서 국제 금융정책과 국내 금융정책을 합쳐야 된다고 여러 부처를 떼고 붙이고 하는 일은 득보다 실이 훨씬 더 크다. 이 문제는 중장기 과제로 검토할 수 있다. 기존의 금융소비자보호기구를 대형화하여 따로 떼내는 것도 득보다 실이 더 크다.

현재 시점에서 국민 세금은 적게 들면서 정부가 할 수 있는 일이 있다. 경제부총리가 리더십을 가지고 협의체를 운영하는 것이다. 기획재정부총리, 금융위원장, 금융감독원장, 한국은행총재가 구성원이 되는 금융안정협의체가 새로 만들어져서 위급한 사안이 생기면 즉시 회동하여 협의하고 대책을 마련할 수 있게 되기를 기대한다. (『매일경제신문』, 매경시평, 2013. 5. 13.)

서민 가계부채 문제에 대한 단상

• • •

1. 1,000조 원 가계부채 문제 어떻게 풀어가나

우리나라 가계부채가 1,000조 원을 넘어섰다. 국내외 언론들은 하나같이 과다한 가계부채가 우리 경제의 발목을 잡고 있어 정부의 경기활성화 정책이 별 효과를 내지 못할 것으로 염려하고 있다.

우선 가계부채의 정의부터 보자. 가계부채는 가계신용 플러스 개인사업자와 비영리단체의 부채이다. 그리고 가계신용은 가계대출 플러스 가계구매신용(백화점 할부구매, 자동차 구매신용 등)이다. 가계대출은 은행 및 비은행 금융기관으로부터의 주택대출을 포함한다. 가계대출의 유형은 생계형 대출, 부동산 구입형 대출, 자영업자의 사업대출 등이다. 참고로 2011년 말 가계부채 1,104조 원 중에서 가계신용은 913조 원, 가계대출은 858조 원이었다. 그리고 2012년 가계신용은 959조 원으로 늘어났다. 우리나라 가계대출을 가처분소득의 비중 기준으로 보면 2010년 현재 155.4%로서 세계 9위이며, 이것은 OECD 평균 136.5%보다 높은 수준이다.

이 정도 수준의 가계부채가 왜 문제인가? 그 이유는 이렇다. 이런 추이가 계속된다면 대출상환 불능 상황이 발생할 수 있으며, 그렇게 되면 우리나라 금융기관 전체가 부실화됨으로써 우리나라는 금융위기와 경제위기를 또 한 차례 겪게 될 것이기 때문이다. 우리나라는 1970년대 중반부터 1990년대 중반까지 연평균 약 7% 실질성장률을 유지하였으나 1997년 말 외환위기를 겪은 후부터 잠재실질성장률이 급감하였다. 그리고 지난 2년 간 실질성장률은 3% 이하 수준에 머물러 왔다. 올해 2013년에는 3%보다 훨씬 낮은 수준이 될 것이라는 어두운 전망이 나오고 있어서 우리나라 가계부채 문제는 금융위기라는 화약고에 불을 지피는 결과를 초래할 수도 있는 것이다.

우리 가계부채 문제가 이런 상태에 이르기 훨씬 전이라도 다른 문제가 불거져 나올 수 있다. 그것은 바로 저소득층의 가계부채 상환불능 문제이다. 가계대출의 약 70%는 부동산담보대출이다. 그래서 부동산 가격이 정상 수준을 회복하면 가계부채 문제는 스스로 해결될 수 있다. 집이라도 가지고 있는 사람들의 부채 문제는 정부의 적절한 지원책이 제공되면 위기는 면할 수 있다. 그러나 생계형 무담보대출의 경우 문제는 심각하다. 무담보 신용으로 빌린 고리 대출은 시간이 지날수록 이자 부담이 급등하게 되며, 이들이 직장을 잃거나 새 직장을 얻지 못하는 경우 이들을 조기에 구제해 주지 않으면 이 문제는 큰 사회적 문제로 비화될 수 있다.

고리 대출의 대명사인 대부업체는 우리나라의 경우, 서민 금융 기관으로서의 순기능보다 역기능이 훨씬 더 컸던 것으로 나타났다. 가계부채가 사회적 이슈로 대두되면서 대부업체가 높은 이자율로 대학생의 고혈을 빼앗아 간다는 비난이 있었다. 2012년 말 현재 자산 200억 원 이상의 28개 대부업체의 대학생 대출 잔액은 248억 3,000만 원이었다. 그런데 이 숫자는 2011년 말의 500억 9천만 원보다 50% 이상 줄었다는 것이다. 그 주된 이유는 세 가지이다. 사금융 과대광고에 대한 금융당국의 감독 강화, 대학생 대출을 자제하겠다는 대부업체의 자율결의, 그리고 정부의 학자금 지원 확대가 조금씩 효과가 있었기 때문이다.

담보 없는 서민에겐 은행대출은 그림의 떡이다. 이들이 돈을 빌릴 수 있는 곳은 비은행권에 속하는 고금리 대출 기관이다. 저축은행, 새마을금고, 수산업협동조합과 대부업체 등이 여기에 속한다. 새마을금고에서 빌릴 수만 있어도 괜찮다. 여기서 못 빌리는 영세민이나 대학생은 대부업체로 가서 은행 금리 2배 이상의 고리로 돈을 빌린다. 대부업체는 신용도가 낮다는 이유로 법정 최고금리로 대출해주고 이를 계기로 고금리, 상환불능, 정부구제, 대부업체 이용 증가로 이어지는 악순환이 되풀이된다.

2. 금융활동에 관한 새로운 생활문화를 만들어가야

가계부채 문제는 지금 시점에서 너무나 막대한 자금이 필요하기 때문에 당장 해결하기는 어렵다. 중장기적으로 풀어가야 한다. 그러나 시간을 보낸다고 해서, 그리고 소득이 오르고 집값이 오른다고 해서 그냥 해결되지 않는다. 빌리는 사람이나 빌려주는 사람도 이제는 생각을 바꿔야 한다. 신용도가 낮아도 고금리로 아무에게나 마구 빌려주고 정부당국에 손을 벌려서는 안 된다. 이것이 계속되면 결국 국민의 조세부담만 올라간다. 그뿐만 아니다. 도덕적 해이와 무임승차 문제가 만연해짐으로써 우리 경제의 기반이 무너져 내릴 수 있다.

차입자와 대출자는 금융에 대한 새로운 시각을 가질 필요가 있다. 금융기관은 금융 매개체로서 자금이 필요한 사람에게 자금을 연결해주고 수수료를 받는다. 금융기관은 상환 능력이 약한 자에게 고리 대출을 권장해서는 안 된다. 빌리는 사람도 철저하게 자기 책임 하에 필요한 만큼만 빌려야 한다. 왜냐하면 "부동산 가격은 계속 오른다"라는 환상은 이제 깨졌기 때문이다.

일정 시점에서 여유자금을 가진 사람이 자금이 부족한 사람에게 빌려준다. 그러나 당장 자금이 필요한 사람은 가난하고 자금 여유가 있는 사람이 꼭 부자라고 할 수 없다. 일생 동안 사람의 금융 활동에는 차이가 있다. 정상적으로 태어나서 교육을 받고 경제활동을 하는 사람은 평균적으로 젊었을 때는 일하면서 저축하고 노년에 들어서는 저축해놓은 돈을 쓴다.

　그런데 문제는 평생 동안 돈이 없어 힘들게 사는 사람 즉, 서민이나 빈곤층 사람들이 그 사회에 많이 있는 경우이다. 이들 중 스스로 설 수 없는 사람은 사회안전망으로 정부 차원에서 구제되어야 한다. 그러나 그 이외 사람들은 다르게 취급되어야 한다. 스스로 노력해서 자립할 수 있도록 사회적 인센티브와 법적 제도가 있어야 한다. 이들은 "오늘 쓰고 내일 갚겠다."는 것보다 "오늘 저축하고 내일 쓰겠다."라는 인식을 가지도록 여론 주도층이 새로운 사회적 환경을 만들어갈 필요가 있다. 왜냐하면 "오늘 쓰고 내일 갚겠다."는 사람은 내일이 되어도 계속 빌리게 되는 것이 우리가 처한 현실이기 때문이다. (한국 경제학회, 한국 경제포럼 봄호-제6권 제1호, 2013. 4. 30.)

'융합창조' 뿌리내리려면

...

1960년대까지 우리나라 아이들 중 심지어 어른들 중에도 구멍 난 면양말을 신고 다닌 사람들이 많았다. 한창 바깥에서 뛰놀거나 많이 걷는 사람들은 보통 사람들보다 양말이 빨리 해졌다. 그러나 나일론 양말이 나온 이후부터 그런 모습은 보기 힘들어졌다.

나일론은 미국 하버드 대학의 월리스 캐로더즈(Wallace Carothers) 교수가 발명했다. 그는 1931년 교수직을 버리고 화학회사 듀폰(DuPont)의 연구팀장으로 자리를 옮긴 후 인조비단에 해당하는 기적의 섬유를 개발하기 시작했다.

결국 1935년 나일론 개발에 성공하여 듀폰이 발명특허를 얻음으로써 1938년 나일론이 처음으로 세상에 나오게 되었다.

그 후 계속해서 듀폰은 다양한 신소재를 개발해왔으며 최근에는 나노 기술을 이용하여 200달러 정도면 살 수 있는 방탄조끼까지 만들었다. 지난 80년 동안 인류의 옷 패턴에 엄청난 변화가 일어난 것이다.

1966년 미국서 제작된 〈환상의 항해(Fantastic voyage)〉라는 영화가 우리나라에 수입되어 〈마이크로 결사대〉라는 제목으로 상영된 적이 있다. 이 영화는 국가의 중요한 정보를 갖고 죽어가는 어느 외교관을 극적으로 살려내는 영화였다.

외과의사팀을 조성하여 이들을 박테리아 크기만큼 축소시켜 환자의 혈관에 투입, 인체 내부 깊숙한 곳의 상처 부위를 치료한다는 내용이었다. 당시 과학 수준으로는 황당한 내용의 공상과학 영화였지만 지금은 실현 가능한 수준까지 왔다.

아직은 사람을 미세하게 축소시키지는 못하지만 나노 기술을 이용하여 미세한 로봇을 만들어 사람 몸 안에 투입시켜 치료를 할 수 있는 단계에 와 있는 것이다. 극미세 기술의 특징은 새로운 물리 현상을 응용하여 장비의 성능을 크게 향상시키며, 물리 · 화학 · 전자 · 생명공학 · 에너지 · 의학 · 환경에 이르기까지 응용될 수 있다.

새로 출범한 박근혜 정부는 '융합을 통한 창조경제의 건설'을 최우선 국정과제로 삼고 ICT와 산업 간의 융합이 당면하고 있는 실업문제를 많이 해결해줄 것으로 기대하고 있다.

산업과 ICT와의 융합을 통해 다양한 일자리를 만드는 일은 대기업보다는 중소기업이 더 잘할 수 있다고 믿고 있다. 최종 수요자와 가장 가까이에 있는 중소기업이 고객의 선호를 읽어내고 시장 변화에 시의 적절하게 대응할 수 있기 때문이다.

기존 산업과 ICT와의 융합은 물론이고 문화와 ICT, 영화와 ICT,

음악과 ICT의 융합으로 새로운 퓨전 산업이 생겨나는 것은 매우 당연한 귀결이다.

그런데 과학기술과 ICT가 앞으로 나가게 밀어주는 핵심 동력이 나노 기술이기 때문에 나노 기술의 응용과 발달을 위해 정부가 해야 할 일도 많다.

그리고 이러한 과업을 수행해 가는 데 정부가 유의해야 할 사항이 몇 가지 있다.

첫째, 우리 국민이 기초과학 실력을 올리는 일과 나노 기술과 같은 첨단기술을 개발하는 일이 만만치 않다. 시간이 다소 걸리기 때문에 단기간 내에 너무 많은 성과를 기대하기는 어렵다고 보아야 한다.

둘째, 다양한 분야끼리 융합이 이루어지기 때문에 부처 간에 업무가 중복되는 경우도 많다. 이를 조정하고 교통정리를 할 수 있도록 제도적 법률적 장치를 마련해야 한다.

셋째, 다양한 산업 간에는 융합이 필요하지만 관련 업무를 추진하는 사람들 간에는 융합보다는 화합이 이루어져야 한다. 정부 부처와 관련 기업이 화합하고, 대기업과 중소기업이 화합해야 비로소 우리나라에 창조경제가 뿌리를 내릴 수 있을 것이다. (「디지털타임스」, 이슈와 전망, 2013. 3. 18.)

새 정부 초대 경제부총리에게 바란다

...

초대 경제부총리에 임명된 현오석 현 KDI 원장은 한국의 경제현안 문제에 관하여 우리나라에서 가장 많이 아는 전문가 중의 한사람이다. 이제 출범하는 박근혜 정부의 초대 내각의 경제 수장으로서 그의 책임은 막중하다. 11개 경제 관련 부처가 그의 리더십아래서 일사분란하게 움직이도록 해야 하는데, 어려운 대내외 경제 환경 속에서 경제부총리의 의중에 따라 자발적으로 원만하게 움직여간다는 것은 처음부터 기대하기 어렵다. 우리나라는 중진국이지만 경제는 이미 선진형이며 구조도 매우 복잡하다. 그리고 각부처의 목표도 다양하기 때문에 부처끼리 목표가 서로 부딪치는것도 배제할 수 없다.

그러므로 경제부총리는 부처 간의 상반된 목표를 사전에 조율하고 조정해야 할 책임이 있는 것이다. 예컨대 농림축산부는 농수산축산물 시장개방과 한미 FTA에는 다소 부정적이지만, 산업통상자원부는 우리나라 대기업의 해외 진출을 장려하기 때문에 FTA에는 기본적으로 긍정적일 수밖에 없다. 한편 보건복지부는 사회적 약자와 노령자에게 돌아가는 복지 혜택을 가능한 최대로 하는 것이 부처의 주된 목표가 될 것이다. 다른 경제부처는 효율성 최대화가 정책의 주된 목표가 될 것이나 보건복지부는 효율성보다는 형평성을 더 강조할 것이다.

이에 더하여 새로 출범하는 박근혜 정부는 선거 전에 야당을 의식하고 많은 공약을 경쟁적으로 내놓았기 때문에 경제부총리가 우선적으로 해야 할 일은 공약을 '교통정리'하는 것이다. 지킬 수 없는 공약은 과감하게 버리는 배짱도 있어야 한다. 경제부총리는 정치인이 아니다. 고도의 경제 전문성을 가진 행정가이다. 효과는 미미하면서 엄청난 예산이 드는 공약은 국민사과와 함께 빨리 털어버려야 한다. 경제부총리는 재임 시 언론으로부터 칭찬받을 생각은 안 하는 것이 좋다. 자신의 업적에 대한 공정한 평가는 세월이 좀 지나야 가능하기 때문이다.

이번에 출범하는 박근혜 정부의 경제부총리는 과거 역대 정부보다 불리한 조건이 두 개가 더 있다. 하나는 야당의 끈질긴 견제이며 또 하나는 북한의 도발 위험이다. 경제부총리의 2대 정책 수단은 재정정책과 금융정책이다. 그러나 여야 국회의원은 거의 50 대 50으로 갈라져 있어서 재정지출을 위한 국채 발행이나 세율 인상은 국회에서 쉽게 통과되기 어렵다. 그래서 차라리 금융정책 수단에 기대해볼 수 있지 않겠나 싶어도 이것마저도 만만치 않다. 우리나라에서 금리정책과 통화량정책은 우리나라 중앙은행인 한국은행의 금융통화위원회의 소관이다. 과거 권위시대에 있었던 일처럼, 경제부총리가 한국은행 총재와 금통위원에 직접적으로 영향력을 행사하기 어렵게 되어 있다.

결국 이 시점에서 가장 확실하게 할 수 있는 것은 그리고 반드시 해야 하는 것은 거시경제정책의 기본 틀을 짜는 일이다. 물가 목표, 성장 목표, 일자리 목표를 정하는 일이다. 그동안 선진국의 양적완화정책에 부응해 방출한 유동성이 물가앙등을 가져올 것이고, 성장잠재력의 약화로 물가 불안이 지속될 것이며, 일자리 창출도 여의치 않을 것이다. 이런 상황에서 적정 수준의 인플레 목표를 먼저 정하고 GDP 성장률 목표를 정하면 거시경제 운영을 위한 기본 틀이 만들어진다. 가능한 높은 성장률 목표를 세우고 많은 일자리를 창출해내려면 경제부총리는 무엇보다도 인내심을 가지고 국가 경쟁력을 높이고 성장잠재력을 키우는 데 주력해야 한다.

끝으로 북한의 핵도발 위협을 당면하여 경제위기 대책을 마련하고 만일의 사태에 대비해야 한다. 당장 우리나라의 외환보유고를 다소 상향 조정하고 주요 전략 자재인 석유, 가스, 철광 등을 좀 더 많이 비축할 필요가 있다. 중국과 유럽으로부터의 FDI 유치도 강화할 필요가 있다. (『한국 경제신문』, 2013. 2. 18.)

미 재정절벽 해결과 한국 경제

· · ·

새 정부가 들어서면 먼저 경제부터 살려야 한다. 왜냐하면 우리 경제는 지난 한 해 동안 이미 탄력을 잃고 경제 성장속도가 계속 줄어왔다. 4% 성장률에서 3%대를 거쳐, 2%대로 내려오기만 했다. 이런 추세이면 내년 상반기까지 제로 성장률에 머물 수 있다. 일자리가 늘어나려면 성장률이 상승해도 부족한데 거꾸로 내려만 왔으니 이대로 두면 우리 경제는 침체의 수렁에 빠질 수밖에 없다. 한번 이 수렁에 빠지면 1~2년 내에 헤어 나오기 힘들 수도 있다. 그래서 업계는 박근혜 정부가 경제민주화는 계획대로 계속 추진하되 새 정부 출범 초기에는 내려앉는 경제를 살리는 데 역점을 두라는 주문을 계속하고 있다.

올 2월 출범하는 새 정부는 지난 MB정부가 선호했던 것처럼 목표 성장률에 연연하지 않겠다고 했다. 그 대신 70% 중산층과 서민을 포함하여 국민 대다수가 실질적으로 행복을 느끼는 정책을 펼치겠다고 했다. 새 정부의 이 같은 정책 방침은 일단 대다수 국민에게 호소력이 있다고 본다.

왜냐하면 국민총생산의 증가율이 높다고 해서, 또 국민총생산을 총 인구수로 나눈 1인당 GNP가 높다고 해서 다수 국민이 그만큼 잘 산다고 할 수 없기 때문이다. 특히 우리 형편처럼 소득 양극화 현상이 심한 상황에서 이 두 가지 경제지표는 큰 의미가 없다. 어디까지나 GNP 연간 성장률과 1인당 GNP는 행복을 느끼게 하는 수단에 불과하지 그 자체가 정책목표가 될 수는 없다.

그럼에도 수단이 있어야 목적을 달성할 수 있기 때문에 수단에 불과하다지만 성장 또한 무시할 수 없다. 성장이 계속 받쳐주지 않으면 좋은 일자리가 지속적으로 보장되지 않는다. 물론 고용창출이 없는 성장은 대다수 국민에게 아무런 의미가 없다. 그런데 글로벌 개방 시대에 살고 있는 우리는 지금 새로운 도전을 받고 있다.

수출이 고용창출로 잘 이어지지 않고 있으며 성장이 고용창출로 이어지지 않고 있는 것이다. 기회만 나면 더 많은 수익을 찾아 자본이 해외로 빠져나갈 수 있으며, 해외 임금이 저렴하면 공장 자체가 해외로 나가기 때문에 일자리 자체가 해외로 수출되는 상황이 벌어지고 있다.

일자리를 늘리기 위해서는 기업의 투자 확대가 필수이다. 중소기업보다 대기업이 고용을 많이 늘릴 수 있다. 중소기업은 하루에도 수백 개씩 생겨나고 또 수백 개씩 퇴출되기 때문에 중소기업 지원을 통해 '일자리 창출 목표'를 지속적이고 체계적으로 관리하기가 여간 어렵지 않을 것이다. 대기업을 주 대상으로 하여 자금의 정책적 지원을 제공한다 해도 경제전망이 흐리거나 투자수익성이 낮으면 기업은 사업 확장을 꺼리게 된다. 이윤 극대화가 기업의 목표이지 일자리 창출이 기업의 목표가 아니기 때문이다.

한국 경제의 새해 전망은 어떠할까? 우리 경제는 1조 달러 이상의 무역 규모를 가지고 있는 선진형 개방경제이다. 우리가 가장 많이 수출하는 나라는 중국·미국·일본이다. 이 중 미국 경제의 흐름이 전통적으로 한국 경제에 가장 많은 영향을 준다. 실제로 미국은 한국 경제뿐 아니라 세계 경제를 끌고 가는 견인차 역할을 한다. 미국 경제가 회복이 돼야 유럽 경제가 좋아지고 세계 경제도 좋아진다. 그런데 새해 벽두부터 미국에서 낭보가 날아왔다.

그동안 미국 경제 회복을 어렵게 만든 재정절벽 문제가 해결됐다는 기쁜 소식이다. 미국의 에너지 비용이 크게 떨어지고 있어 산업경쟁력이 탄력을 받을 것이라 한다. 이것은 미국의 셰일가스와 오일이 거의 무한정 묻혀 있으며, 이를 채취하는 독보적인 기술을 미국이 가지고 있기 때문이다. 여기에 편승하여 한국 경제도 좋아질 것이라는 조심스런 관망도 해볼 만하다. (『디지털타임스』, 이슈와 전망, 2013. 1. 4.)

새 대통령에 거는 기대

. . .

바야흐로 한국도 이제 여성 대통령을 맞게 되었다. 1960년대 이후부터 지금까지 17명의 여성 지도자가 있었고, 현직에 있는 여성 대통령 또는 국무총리도 이제 10명이나 된다고 한다. 솔직히 말해서 아직은 세계 어디를 가든 남성이 지배하는 곳이 대부분이다. 그런데 우리 국민이 여성 대통령을 뽑았다는 사실에 외국 사람들은 놀라워하고 또 부러워한다.

새 대통령은 지난 30여 년 오랜 세월 동안 고난과 고통을 극복하고 대선을 거쳐 대한민국 제18대 대통령으로 취임하게 된다. 그러나 쉴 틈도 없이 앞으로 더욱 험난한 길을 헤쳐 나가야 한다. 5천만 국민의 생명과 재산을 보호할 막중한 책임을 지고 앞으로 5년간 가시밭길을 갈 수밖에 없다. 5년 기간을 두고 차근차근 풀어가야 할 공약과제도 많지만 시급히 해결해야 할 현안과제도 산적해 있다. 이 과제들은 하나같이 모두 중요하나 풀기 어렵기 때문에 서둘러 대통령이 혼자 해결할 수 있는 일은 거의 하나도 없다.

그러나 능력 있고 양심 있는 인재들을 모아서 이들에게 많은 부분을 이양하면 좋은 성과를 낼 수 있다.

새 대통령으로서 공약과제를 실천하는 것은 중요하다. 그러나 이와 똑같이 중요한 것은 국가 지도자로서 국민에게 새로운 비전을 제시하는 일이다. 국민의 자존심을 높이고 국가의 격을 높여갈 비전과 희망을 국민에게 제시하는 일이다. 사람들은 연령에 관계없이 꿈을 갖기를 원하며 이를 실천하고자 한다. 아무리 노력해도 꿈을 가질 수 없고 꿈이 있어도 실현할 수 없다면 사람들은 목숨을 걸고 저항하거나, 이 나라를 떠나고자 할 것이다.

미국의 시민운동가이며 흑인 정치인이었던 마틴 루터 킹 목사는 1963년 8월 28일 워싱턴 D.C.에 있는 링컨 대통령 기념관을 중심으로 빽빽이 운집한 군중에게 세계 역사에 길이 남을 감동의 연설을 했다. 그날 그곳의 수만 명의 인파는 '일자리와 자유'를 위한 대행진에 참여하려고 모인 사람들이었다. 킹 목사는 "나에겐 꿈이 있어요(I have a dream)"라는 연설로 그 자리에 모였던 사람들뿐아니라 라디오 전파를 타고 미국 전역에 있는 사람들의 심금을 크게 울렸다.

인간이 인간답게 살아가려면 우선 직장이 있어야 한다. 학교를 졸업하는 새 노동자에게 일자리가 주어져야 집안이 평안해지고 사회가 안정된다. 일자리 마련이 복지이고 경제민주화의 시작이다. 그러나 일자리는 희망과 구호만으로 만들어지지 않는다. 국내외 고객들로부터 제품 주문이 있어야 하고, 주문을 받으면 좋은 생산기술로 물건을 잘 만들어 다른 나라보다 값싸게 팔 수 있어야 한다. 생산기술은 계속 발달해야 품질 좋은 물건을 계속 팔 수 있고 그래야 일자리가 지속된다. 이것을 가능하게 하기 위해서 새 정부는 과학자, 기술자, 엔지니어를 우대하는 정책을 써야 한다. 지금처럼 우리 젊은이들이 이공계 대학 지망을 꺼려한다면, 있는 일자리마저 다른 신흥국에게 뺏기게 될 것이며, 결국 우리 모두가 불행해질 것이다.

우리 국민들도 할 일이 있다. 한 국가가 융성하려면 좋은 지도자와 좋은 국민이 있어야 한다. 재원은 턱없이 모자란다는 사실을 다 알면서 과도한 복지를 요구하면 결과는 뻔하다. 기왕에 있었던 요구사항은 어쩔 수 없다 해도, 새로운 복지를 계속 요구한다면 우리 경제는 탄력을 잃고 넘어질 것이다. 말이 안 되는 복지는 아예 처음부터 빼달라고 요구해야 우리 경제가 제대로 굴러갈 것 같다. 1961년 1월 20일 미 대통령 취임식에서 케네디(John F. Kennedy) 대통령이 "국민 여러분을 위해 국가가 무엇을 할 수 있는가를 묻지 마시고, 국민 여러분이 국가를 위해 무엇을 할 수 있는가를 생각해주세요!"라는 연설 대목으로 미국 시민의 협력과 지지를 강력하게 호소한 사실을 기억해볼 필요가 있다. (『매일경제신문』, 2013. 1. 1.)

저축은행 트라우마에서 벗어나려면

...

바야흐로 제18대 대통령이 결정되었다. 이제 곧 새 정부가 출범하여 5년간 대한민국을 이끌어 가게 된다. 대선 전까지 쏟아져 나온 공약 중 하나는 국민의 귀중한 생명과 재산을 보호하기 위해 경찰 인력을 대폭 늘리자는 것이었다. "그동안 경찰은 뭐 했나?"라고 사람들은 맹렬하게 비난하지만, 계속 유사한 사건이 되풀이되고 있다. 특히 최근 들어 강력범죄가 많이 늘어나고 있다. 이에 대해 어떤 후보는 "경찰을 탓하기 전에 경찰 인력이 부족한 현실을 돌아봐야 한다."고도 했다.

같은 맥락에서 금융감독기구의 기능과 역할에 대해 우리는 진지한 논의를 해볼 필요가 있다. 금융감독기구는 소위 '금융검찰'로 불리지만 우리나라의 경우 금융감독기구는 검찰과 경찰의 역할을 모두 지니고 있다. 그런 존재가 저축은행 사태 이후로 여론의 뭇매를 맞고 그래서 자체적인 개혁방안을 수차례 내놓았다. 하지만 국민들의 시선은 여전히 차갑기만 하다. 그래서 이제는 금융감독기능을 제대로 수행할 수 있는 여건을 마련해야 하며, 그러면서 금융감독기구의 책임의 범위를 확실히 해둘 것이 필요하다.

금융감독기구는 금융검찰 혹은 경찰과 같다. 이를 염두에 두고 금융감독을 제대로 할 여건을 마련해야 한다. 우선 검찰은 정치적으로 중립적이어야 한다. 금융감독도 마찬가지다. 정치나 정부 정책의 간섭을 받지 않고 독립적으로 의사결정을 할 수 있어야 한다. 지난번에 터졌던 저축은행 사태와 예전의 카드 사태의 주된 원인은 이렇다. 비유적으로 말한다면, 금융정책은 자동차의 액셀러레이터에 해당한다. 이것을 브레이크라 할 수 있는 금융감독원이 제대로 견제하지 못했기 때문에 위의 두 사태가 발생했던 것이다.

검찰은 날로 발전하는 범죄 수법을 따라잡아야 하듯이, 금융감독기구가 금융시장이나 금융상품을 철저히 이해해야 할 것이다. 더구나 금융시장에서는 마치 스마트폰이 개발되듯이 새로운 기법이 쏟아져 나오고 있으며 내로라할 인재들이 몰리고 있다는 사실을 감안할 때 감독 인력도 금융시장 참가자만큼의 전문성을 갖추어야 한다.

검찰이 수사를 하기 위하여 막강하고 독점적인 권한을 가지고 있어야 하는 것처럼 금융감독기구도 충분한 권한을 갖는 것이 중요하다. 물론 어디까지나 금융회사 감독·검사나 주가조작 조사와 같은 것을 제대로 하기 위한 권한에 한정해서 말하는 것이다. 인력도 마찬가지다. 글로벌 금융위기로 각국의 금융감독기구가 인력을 대폭 늘리는 사이에 금감원의 인력은 오히려 위기 이전보다 축소

되었다는데 이것은 새로운 범죄가 창궐하는 시점에서 경찰을 줄인 것이나 마찬가지 상황에 해당한다.

다만 검찰이 무소불위라는 비난만큼은 철저히 반면교사로 삼아야 할 것이다. 즉 금융감독기구가 권력기구화 되는 것은 차단해야 한다. 그러기 위하여 국회의 통제를 강화하고 감독기구의 책임성을 강화하는 장치도 잘 마련해야 한다. 정부당국은 금감원 출신 인사가 금융회사에 재취업하는 것을 막았으며 또한 비리 방지책도 강화해 왔다. 그러나 아직도 충분하지는 않다.

지금까지 언급한 것들을 굳이 정리하자면 독립성, 전문성, 효율성, 책임성이라 할 수 있다. 사실 이것들은 글로벌 스탠더드로 자리 잡은 지 오래되었다. 그런데 대형 금융 비리가 터질 때나 정권이 바뀔 때마다 금융감독 체계를 바꾸자는 논의가 있었는데도 개편 방향은 글로벌 스탠더드와는 달리 엉뚱한 곳으로만 흘러왔다. 그 이유는 무엇인가?

그 이유는 어찌 보면 아주 단순하다. 그동안 금융감독기구개편 논의는 항상 금융위나 기재부로 대표되는 공무원 조직과 공적 민간조직인 금감원 사이의 대결로 이어졌고, 결국은 밥그릇 싸움으로 격하되어 힘있는 자의 승리로 끝났기 때문이다. 이번에야말로 이런 식의 흐름을 끝맺을 때다. 그러기 위해서 금융감독의 불필요한 금융정책은 상위 부처로 가고 금융위와 금감원은 하나로 합쳐야 한다. 이렇게 합쳐진 기구는 공적 민간기구로서 자리매김해야 한다. 왜냐하면 이래야만 앞서 말한 독립성, 전문성, 그리고 관치

금융을 불식시킬 수 있기 때문이다.

언제까지나 금융감독기구를 저축은행의 트라우마에서 헤어 나오지 못한 상태로 내버려둘 수는 없다. 금융감독기구는 그동안 금융시장과 소비자로부터 잃었던 신뢰를 회복하고 금융산업의 안정적인 발전과 금융 혁신을 선도해야 한다. 실물경제의 지속성장을 뒷받침해야 한다. 이제 우리는 새 정부에 10년을 내다볼 수 있는 감독체계 개편안을 마련할 것을 기대하고, 또 개편 이후에는 감독기구의 책임을 더욱 무겁게 물을 것을 기대한다. (『동아일보』, 2012. 12. 27.)

당선인에게 바란다: 일단 경제부터 살려야

...

만나는 사람마다 대통령선거 이후 경제가 걱정된다고 한다. 상당
수 경제전문가들도 새 대통령에 당선된 박근혜 새누리당 후보의
5년 임기 내내 우리 경제가 저성장과 고실업률, 가계부채 문제와
경제민주화 정책 등으로 힘들어할 것으로 예상하고 있다.

이들의 걱정은 여러 가지 악재가 겹쳐 있는 국내외 경제 여건을
근거로 하고 있다. 미국 경제가 금방 회복될 것 같지 않고 유로존
국가의 재정위기도 진정될 기미가 안 보인다. 최근 북한의 장거리
로켓 발사로 동북아의 안보체제가 불안정해지면서 향후 우리 경
제의 대외신인도도 악화될 가능성이 없지 않다.

국내적으로는 경제비관론이 커지면서 가계는 소비를 줄이고 기
업은 투자와 생산을 줄이는 양상이 확대되고 있다. 경제 주체들의
심리가 더 빨리 위축되고 경기가 더 나빠지는 악순환을 거듭하면
서 우리 경제는 갈수록 침체의 수렁으로 빠져들고 있다.

이런 상황에서 출범하는 새 정부는 경기부양 카드를 과감하게

꺼내들어야 한다. 그러나 과거에도 그랬듯이 새 대통령이 경기부양책을 썼다 하면 언론과 경제학자들로부터 집중 포화를 맞을 것이고, 그렇게 되면 경기부양 효과도 별로 없게 될 것이다. 임기 초에 쓴 경기부양책이 실패하면 국민들로부터 신뢰를 잃고 5년 임기 동안 여론에 밀려 우왕좌왕하다가 실패한 대통령으로 남게 될 것이다. 이런 과정에서 경제는 더욱 약화되면서 서민 고통은 심각해질 것이다.

따라서 경기부양책을 써야 한다면 제대로 써야 한다. 재정건전성을 걱정하는 정부의 판단을 모르는 바는 아니지만 자칫 부양 시기를 실기하다간 경제가 영원히 저성장의 질곡에 빠질 수도 있다. 추경 편성을 포함해 가능한 모든 수단을 동원해 경기를 살려야 한다. 앞날에 대한 기업들의 불확실성을 줄여주기 위해 투자 관련 규제를 풀고 경제민주화 시책도 속도 조절에 나설 필요가 있다.

동시에 성장의 주축인 수출 경기가 위축되지 않도록 원고 추세를 적절한 수준에서 통제할 필요가 있다. 최근 미국을 비롯 일본, 유럽, 중국 등은 양적완화를 통해 그들의 통화가치를 인위적으로 내림으로써 수출 확대를 통해 일자리를 늘리려 하고 있다. 반면 우리는 통화가치와 물가안정을 위해 통화를 틀어쥐고만 있다. 자칫 물가안정을 이루기 전에 경제의 선순환 시스템 자체가 붕괴할 수도 있다.

우리도 당연히 맞불 작전을 써야 한다. 국내 부동산시장도 얼어붙은 상태에서 통화안정만을 고집할 경우 글로벌 환율전쟁에서 제대로 싸워보지도 못하고 패배하게 된다. 수출도 못하고, 일자리를 잃고, 복지정책도 펴지 못한 채 온 국민이 도탄에 빠지는 참담한 상황에 이를 수 있다는 얘기다.

환율 목표를 달성하기 위해 많은 나라들이 외환시장에 개입하여 환율에 영향을 주기도 한다. 그러나 이것은 일시적 방편에 불과하다. 내년에 정부가 외환시장 안정을 위해 설정한 국채 발행 한도는 18조 원인데 이는 한국의 경제 규모에 비해 충분하지 않다.

최근 일본 재무성이 공개한 외환시장 개입 기록에 따르면 2011년 10월 31일 달러당 엔화값이 제2차 세계대전 직후 가장 높은 75.31엔대를 넘어서자 일본 정부는 외환 개입을 공표한 후 하루 동안 105조 원을 쏟아부어 달러를 매수했다. 연이어 며칠 동안 추가로 달러를 사들임으로써 환율이 원하는 방향과 수준에 이르도록 했다. 한국의 경제 규모를 감안할 때 지금의 외국환안정자금은 부족하다. 그래서 외환시장 개입만으로는 환율안정을 이루기 어렵다. 그렇다고 해서 재정자금을 더 늘리려고 정부 부채를 계속 높여가는 것은 바람직스럽지 않다.

한국의 기준 환율은 2012년 5월 25일 달러당 1,180원 50전에 이른 뒤 하향 추세를 유지해 왔으며, 최근엔 1,072원 수준까지 왔다. 이 수준이면 웬만한 중소 수출기업은 생존을 걱정해야 할 판이다.

미국 중앙은행(Fed)은 2010년부터 지금까지 3차에 걸쳐 양적완화정책을 써왔으며, 내년 초반부터 4차 양적완화정책을 쓰겠다고 공언하고 있다. 이런 상황에서 우리 통화당국도 과감한 통화확대 정책으로 대응해야 마땅하다.

이를 위해 현재 2.5~3.5%인 인플레이션 타깃 구간을 상향 조정해야 한다. 인플레이션 타깃은 특정 관료가 임의로 할 것이 아니라 특별위원회를 통해 조정해야 시장으로부터 신뢰를 받을 수 있다.

아무쪼록 박근혜 당선자와 새 정부는 적정 인플레이션 타깃을 결정하고 환율을 정상화함으로써 수출경쟁력을 회복시키고 과감한 재정투입을 통해 일자리를 지키고 확대해나갈 것을 당부한다.

(『한국경제신문』, 경제전문가 릴레이 제언 1, 2012. 12. 20.)

성공한 대통령이 되려면

. . .

필자는 오래 전에 우연히 텔레비전에서 어느 치과의사의 가정을 배경으로 한 시트콤을 본 적이 있다. 장인 집에 들어와 얹혀사는, 조금 모자라면서도 장난기 있는 사위의 연기가 매우 돋보였다. 사위가 하루는 '우동 빠르게 먹기 대회'에 나가 상을 타려고 집에서 맹렬히 연습했다. 우승권 안에 들려면 1초를 더 줄여야 하는데 우동 면을 아무리 빨리 먹어도 1초는 줄어들지 않았다. 그런데 한 가지 방법이 있었다. 그가 포장된 종이를 찢고 나무젓가락을 꺼내는 데 1.5초가 걸렸는데 만일 포장된 젓가락을 위에서 탁자에 대고 내려찍으면 젓가락이 위로 튀어 나오는 데 0.5초 걸린다는 사실을 알아냈다. 얼마나 기쁜지, 경합 장소에서 시합이 시작되어 그는 나무젓가락을 한 손에 잡고 수직으로 탁자에 대고 내려찍었다. 그런데 예상 밖의 일이 일어났다. 그날 젓가락을 싼 종이가 조금 두꺼웠던지 아니면 긴장해서인지 두 번, 세 번을 내려쳐도 나무젓가락은 튀어 나오지 않았다. 믿었던 젓가락이 안 나오니 먹어보지도 못하고 그는 여기서 실패하여 예선에서 탈락했다.

성공한 대통령이 되려면 공약한 정책이 성공해야 한다. 공약정책은 실현 가능한 것이어야 하지만 더 중요한 것은 정책 책임자와 실행 시기를 잘 정하는 일이다. 이것이 잘못되면 정책은 실패하고 대통령도 실패한 대통령으로 낙인찍히게 된다. 지금 우리가 안고 있는 가계부채 문제, 청년실업 문제, 소득양극화 문제는 모두 거시금융정책, 교육정책, 부동산정책, 인사정책의 실패로 빚어진 문제들이다.

예전과는 달리 이제는 신뢰받지 못하는 관료가 정책을 펴면 정책 내용이 좋아도 효과는 크게 줄거나 아예 역효과가 난다. 정책실패의 원인은 무엇보다도 정책이 실패해도 책임을 묻지 않는 우리나라의 관례 때문이다. 과거 1960~1970년대에는 대통령이 일을 맡겨도 경제부처에 관한 한 경륜과 전문성이 없으면 사양을 한 인물들이 많았다. 그런데 지금은 그렇지 않다. 위의 문제들이 모두 서로 복잡하게 얽혀 있어서 연륜을 쌓은 경제전문가들도 풀기 어려운 문제인데 권력의 맛을 아는 자들이 정책을 입안하는 자리를 서로 차지하려고 하며 또 대통령도 전리품 나누어주듯이 캠프 사람들 중 적당히 골라 정책 자리에 앉힌다. 이 순간부터 신임대통령은 실패한 대통령 코스로 들어서게 된다.

정책은 다양하다. 5년 임기 내에 문제를 해결하는 정책이 있는가 하면, 효과를 내려면 5년 이상 걸리는 정책도 있다. 우선 임기 내 거시금융정책이 성공하려면, 물가안정 목표를 잘 선정해야 한다. 대내외 정치 경제 여건을 무시하고 인플레 목표를 너무 낮게 잡으면, 전기, 가스 요금을 시장 수준으로 올리지 못하고 에너지 과소비를 조장시켜 악성 공기업 부채문제를 낳게 된다. 통화 당국은 목표 인플레율을 초과할까 봐 긴축통화정책을 쓰게 되는데 그러면 금리는 치솟아 기업투자를 위축시키고 가계부채 부담을 가중시키게 된다.

임기 내에 부동산 정책이 성공하려면 무엇보다도 수도권 일부 지역의 만성적 초과수요 현상과 지방의 만성 초과공급 현상을 구분해야 한다. 그래야 중앙은행이 금리 통화정책을 통해 우리나라 전국 부동산 문제를 해결하려는 무리수를 두지 않게 된다. 우리나라 청년실업 문제와 소득양극화 문제는 임기 내에 해결하기 어렵다.

그러나 배가의 노력을 경주해야 한다. 이 문제를 해결하려면 소위 SKY대 사람들이 부당하게 누리는 사회적 프리미엄을 없애야 한다. 이 프리미엄이 없어져야 수없이 많은 지방대 청년들의 억울한 느낌을 달랠 것이며, 모든 학부형의 사교육비도 줄어들고 좋은 일자리도 나눌 수 있다. 그리고 수도권 특정 지역 주택의 초과수요 문제도 해소될 수 있다. 이 프리미엄을 없애기 위해 중소기업체의 임금을 대기업 임금의 70~80% 수준으로 유지하자는 정운찬 전 총리의 제언도 호소력이 있으나, 중요한 정책을 만드는 자리에 전문성 있는 인사들을 기용하되 SKY 사람들로만 채우지 않는 것도 성공한 대통령이 되는 첩경이다. (『매일경제신문』, 2012. 12. 6.)

중소기업이 성공하려면

. . .

슈마허(E. F. Schumacher)는 1973년 『작은 것이 아름답다(Small is Beautiful)』라는 책을 펴냄으로써 한 시대의 생각의 대전환을 이뤄 냈다. 슈마허가 지칭하는 '작은 것'은 인간이다. 그가 이 책을 통하여 주장하는 궁극적인 주제는 "인간은 작다. 그래서 아름답다."이며, 그는 두 가지 명제를 주장한다. 하나는 작은 것 위주의 방식이 대규모 방식보다 더욱 자유롭고 창조적이며 효과적이라는 것이다. 규모가 거대할수록 유연성은 줄어들고 구성원의 필요나 요구에는 둔감해진다. 그러나 작은 것 위주의 방식은 인간 중심에 더 접근하며 장기적인 효과를 이끌어낸다고 주장하였다. 또 하나의 주장은 생산기술은 인간 중심의 기술이 되어야 한다는 것이다. 슈마허의 이러한 경제철학은 지금의 우리나라 중소기업에 딱 들어맞는다.

지금 시대를 사는 어르신들 사이에 '99·88'이 덕담의 대명사로 알려져 있다. "99세까지 팔팔하게 사세요!"인데 의학기술이 그만큼 발달돼 있으며 생활이 그만큼 풍요로워졌기 때문이다. 그런데 '99·88'은 또 다른 내용을 뜻한다. 우리나라 기업의 약 99%가 중소기업이고 취업자의 약 88%가 중소기업체에서 일하고 있다는 말이다. 이런 상황에서 중소기업이 우리 경제에서 담당하는 역할은 절대적으로 중요하다. 그런데 현실은 모든 중소기업이 성공하는 것이 아니라는 사실이다. 하루에도 수천 개의 중소기업이 실패하여 문을 닫고 또 수천 개의 중소기업이 새로 생겨나고 있다.

지금은 거의 모든 경제가 개방되어 글로벌 경쟁이 날로 심화되고 있다. 그래서 우리나라 대기업의 역할도 중요하다. 이들은 지금 고기술 대량생산 체제로 글로벌 시장에서 선전하고 있다. 그러나 대기업 못지않게 중소기업도 중요한 역할을 담당하고 있다. 대기업은 대량생산 체제로 '규모의 경제' 효과를 내어 국제 경쟁을 이겨내야 하는 것처럼 중소기업도 소비자가 원하는 좋은 상품을 생산하여 글로벌 시장에서 경쟁할 수 있어야 한다.

중소기업은 크게 두 가지 형태가 있다. 대기업 전략이 '소품종 대량생산'이라면 중소기업의 전략은 '다품종 소량생산'이다. 어차피 생산 규모가 작으니 투자비용도 적다는 이점이 있다. 그래서 아이디어가 생기면 순발력을 발휘하여 시장을 먼저 점거하여 이익을 취하고, 그 후 후발 기업이 추격해오면 또 다른 품목을 개발하여 거기로 옮겨가는 기업이 바로 중소기업이다. 중소기업의 또 다른 형태는 오랜 동안 가업의 전통을 이어받아 명품을 만들어낸다. 명품은 하루아침에 만들어지지 않는다. 위로 부모, 조부모 때부터 전수받은 비법과 함께 정성이 들어가야 명품이 생겨난다. 선조로부터 받은 비법이 아무리 훌륭해도 마음을 다하는 정성이 부족하면 명품은 완성될 수 없다.

제조업 이외 중소기업이 정성을 가지고 뛰어들면 비교적 쉽게 성공할 수 있는 분야가 또 있다. 바로 서비스 업종이다. 그러나 서비스 산업은 워낙 다양하고 복잡해서 조심스럽게 접근해야 한다. 서비스 산업의 기본 특징은 해당 서비스 상품이 최종 소비자에게 직접 피부로 느껴지게 전달돼야 한다는 것이다. 예컨대 호텔이나 레스토랑은 객실 조건이나 음식의 맛뿐 아니라 고객에게 직접 서비스를 최종 단계에서 제공하는 종업원의 교양과 태도에도 크게 달려 있다. 이외 법률자문·회계·의료·교육·예술·음악·스포츠 등 고도의 전문성을 필요로 하는 서비스 업종도 있다. 이 분야는 전문성을 가지고 경쟁하는 곳이기 때문에 다른 서비스 분야처럼 대단한 정성이 필요하지는 않다.

그러나 이 분야에서 오랫동안 잔존하려면 신뢰를 쌓고 명성을 유지해야 한다. 신뢰와 명성 역시 하루아침에 얻을 수는 없다. 인내를 가지고 꾸준히 실적을 쌓아야 한다. 정성·신뢰·인내로 고객에게 인간 중심의 접근을 하면 그 중소기업은 끝내 성공하게 돼 있다. (『디지털타임스』, 이슈와 전망, 2012. 10. 8.)

경제민주화와 대기업 총수

■ ■ ■

얼마 전에 자유주의 시장경제를 신봉하는 학자들이 만든 '몽 펠르랭 소사이어티(Mont Pelerin Society) 프라하 총회'에 다녀왔다. 공항에서 프라하 중심부로 들어가는 주요 도로에 세워져 있는 높은 기둥에는 삼성을 홍보하는 반듯한 현수막이 수없이 붙어 있었다. 삼성의 '갤럭시' 인기가 최고라며 택시 기사가 자기 것을 자랑스럽게 보여주었다. 삼성뿐이 아니었다. LG전자와 현대자동차도 인기가 좋아 체코 사람들이 가장 선호한다는 그의 말은 그냥 한국 사람이 듣기 좋으라고 하는 말은 아니었다. 그들이 한국 상품을 좋아하는 배경에는 자유무역을 사랑하는 바츨라프 클라우스(Vaclav Klaus) 체코 대통령이 있다.

클라우스 대통령은 1941년생으로 경제학자 출신이다. 그는 1963년 프라하 경제대학을 졸업한 후 1969년 미국 코넬 대학에서 공부했다. 소련이 해체되기 직전 정치에 입문했으며, 벨벳(Velvet) 무혈혁명을 성공시켜 1989년 재무장관이 되었고,

1991~1996년 총리를 거쳐 2003년에 대통령이 된 뒤 지금은 연임 중이다. 그는 총리 시절 하이에크(Friedrich A. Hayek)와 프리드먼 교수와 친분관계에 있었으며, 이들의 조언대로 규제를 철폐하고 시장을 과감하게 개방했다.

그 결과 체코 경제는 1991년부터 20년 동안 GDP가 구매력평가 기준으로 2.5배 늘어나 2011년 1인당 GDP는 2만 7,100달러가 되었다. 학자풍이 몸에 밴 그가 400여 귀빈들을 대통령궁에 초대해 오찬을 베풀었는데 참석자들을 배려해서인지 그의 주위에 무장한 경호원은 한 사람도 없었다. 필자가 한국에서 왔다고 하니 유난히 반갑게 대해주었으며 격의 없이 팔로 필자의 등을 감싸고 사진까지 찍게 해주었다.

우리나라에서는 경제민주화를 놓고 지식인들 간 논쟁이 진행되고 있다. 경제민주화는 자유시장 자본주의와 양립할 수 없다고 하는가 하면, 학술적 근거가 약해 수용하기 어렵다고도 한다. 재계에서는 경제민주화의 주된 목적이 '재벌 때리기'이기 때문에 '재벌개혁'을 위한 경제민주화 법안을 강하게 반대한다.

그러나 사실은 이렇다. 1987년 개정된 우리나라 헌법 119조 1항은 "대한민국 경제 질서는 개인과 기업의 경제상 자유와 창의를 존중함을 기본으로 한다"이며, 2항은 "국가는 균형 있는 국민경제 성장과 적정한 소득분배, 시장지배와 경제력 남용방지, 경제주체 간의 조화를 통한 경제민주화를 위해 경제에 관한 규제와 조정을 할 수 있다"라고 돼 있다.

이처럼 우리 헌법은 자유시장주의와 경제민주화는 둘 다 필요한 것으로 분명하게 규정해놓고 있다. 다만 순환출자금지와 금산분리, 제2금융권 확대가 경제민주화의 핵심 내용으로서 '시장지배와 경제력 남용방지'에 해당하는지 여부는 관련 전문가들의 판단을 근거로 결정할 수 있을 것이다. 우리나라 간판 기업인 삼성, 현대차, LG, SK 등은 세계 어디에 가도 인정받는 대기업들이다. 이들은 1960년대 초 중소기업으로 시작했다. 물론 자체 노력도 있었지만 정부로부터 확실한 지원을 받았기 때문에 지금은 많은 계열사를 거느리는 대기업으로 성장했다. 그동안 많은 일자리를 만들어 경제발전에도 크게 기여했다.

그러나 가끔씩 터져 나오는 대기업 총수와 CEO들의 비리는 많은 사람들을 실망시키기도 했다. 대기업이 실패하면 국민의 혈세로 공적자금을 퍼부어야 하는 상황에서 대기업 총수와 CEO가 고쳐야 할 일이 많다. 조직이 방대하고 계열사가 많다 보니 내부 감시가 부족해 대기업 직원이 우월적 지위를 쉽게 남용할 수 있다.

이런 문제는 앞으로 총수가 직접 챙기고 내부 감시와 사정제도를 확립해 고쳐 나가야 한다. 그리고 낮은 자세로 고객들에게 한발 직접 다가가면 그들로부터 많은 사랑과 존경을 받을 수 있다. 그러면 우리나라에도 '따뜻한 자유시장 자본주의'가 뿌리내릴 것이다.

(『매일경제신문』, 매경시평, 2012. 9. 23.)

'헬리콥터 벤'의 묘수 찾기

. . . .

벤 버냉키 미국 연방준비제도이사회(FRB) 의장은 현재 59세로 지금 세계에서 경제적으로 가장 힘이 센 사람이다. 그는 유대인 가정에서 태어나 하버드 대학에서 학부를 끝내고 1979년 MIT 대학에서 경제학박사를 받았다. 스탠퍼드 대학과 프린스턴 대학에서 가르쳤으며, 2002~2005년 미국 연방준비은행 이사로 활동했다. 2006년 4년 임기 FRB 의장이 되었고, 2010년 재임됐다.

버냉키 의장은 케인스 학파인데, 별명은 '헬리콥터 벤'이다. 2002년 FRB 이사로서 가진 첫 연설에서 그는 헬리콥터를 타고 돈을 뿌리면, 미국의 디플레이션 문제는 쉽게 해결할 수 있다고 주장했다. 그때부터 그는 '헬리콥터 벤'으로 불렸다. 헬리콥터의 통화 살포는 원래 시카고 대학의 밀턴 프리드먼 교수가 그의 통화정책론 강의에서 사용하던 비유였다.

노벨 경제학상 수상자인 프리드먼 교수는 2006년 94세로 고인이 되었지만, 헬리콥터가 하루만 오는지 아니면 매일 와서 돈을 살포하는지 그리고 미국 전역에 수많은 헬리콥터가 동시에 돈다발을 내려주는지에 따라 통화의 물가 효과와 생산 효과가 달라질 수 있음을 필자를 포함한 학생들에게 설명하곤 했다.

버냉키는 MIT에서 박사논문을 준비하면서 1929~1933년 세계 대공황의 원인을 연구했다. 그는 1963년 프리드먼 교수가 안나 슈워츠(Anna Schwartz) 박사와 공동으로 발표한 『미국의 1867~1960년 화폐사』를 탐독했으며, 이때 프리드먼 교수의 영향을 많이 받았다.

세계 대공황의 시작은 자유경제 시스템의 실패가 아니라 FRB의 통화긴축이라는 연구 결과에 감명을 받았다. 생산이 줄고 가격이 내리는 상황이 계속되는 디플레이션을 예방하려면 통화량을 충분히 풀어야 한다고 버냉키 의장은 믿고 있다.

경제불황에 관한 한 그는 통화주의자이다. 2006년 FRB 의장이 된 첫 해에 중앙은행 할인율은 5.2%였으나 그는 할인율을 계속 내렸으며, 3년 반 전부터 거의 제로 수준에 와 있다. 장기주택금리도 2006년 7%에서 지금은 3% 수준으로 대폭 내려와 있다. 예금금리는 지난 3~4년 동안 1% 미만이었다.

금리를 내려도 가시적인 소비증대와 투자증대 효과가 없자 버냉키 의장은 2008년 3월에 시작해 지금까지 두 차례에 걸쳐 양적완화(Quantitative Easing)를 시도했다. 공개시장을 통해 FRB는 대형 은행으로부터 장기 정부 채권과 단기 재무성 증권 등을 매입하면서 달러를 대량 공급했다. 이것도 모자라 곧 3차 QE를 실시할 것으로 보인다.

버냉키 의장의 통화 살포 정책은 고용 효과는 없고 달러 가치 폭락만 유발할 것이라고 그의 QE 정책을 반대하는 사람들이 많지만, 모든 정책에는 명암이 있기에 QE의 종합적 효과는 앞으로 지켜볼 일이다.

우리나라 중앙은행인 한국은행의 금융통화정책은 어떤가? 2003~2005년에 기준금리는 3.75% 수준이었으나 2008년 9월 5.25%까지 상승했다. 부동산 가격 안정을 위한 고금리 정책 때문이었다. 그러다가 2008년 10월부터 기준금리가 인하되기 시작해 지난 7월 3%로 내려왔다.

과거 5~6년 동안 미국, 유럽, 일본의 기준금리가 거의 제로 수준에 있을 때 우리나라 기준 금리는 계속 4~5%대에 있었다. 외국은행을 포함한 시중은행은 기준금리 방향과 다르게 고율의 부동산 대출로 큰 수익을 냈다. 저축은행을 포함한 제2금융권도 금융의 우월적 지위를 이용해 고리채로 많은 돈을 벌었다.

이 와중에 신용불량자가 양산됐으며 가계부채가 1,000조 원에 육박했고 서민의 이자 부담은 증폭됐다. 이제는 부동산 가격이 반토막 나지 않도록 하면서 가계부채를 해결할 특단의 조치를 써야 하는데 한국은행이 할 수 있는 일은 별로 없는 것 같아 속이 답답하다. (『매일경제신문』, 매경시평, 2012. 8. 20.)

좋은 투기, 나쁜 투기

. . .

일반 독자 입장에서는 경제용어가 너무 많은 것도 문제가 될 수 있다. 때로는 정반대의 뜻으로 이해하게 만드는 용어가 많은 것이 더 심각하다고 할 수 있겠다. 그런 용어 중 하나가 투기다. 투기 하면 아파트투기처럼 나쁜 것으로 보통 사람들은 알고 있다. 그래서 환투기도 나쁘고 와인 투기도 나쁘다는 인식이 팽배하다. 특히 국민들의 먹거리를 갖고 매점매석을 통해 장난치는 농산물투기는 죄질이 매우 높다.

투기에 대한 경제학자의 입장은 다르다. 역설적으로 오히려 투기가 있어야 시장의 효율성이 올라가고 경제가 활성화된다고 주장한다. 경제는 정말 알다가도 모르는 것이라고 손사래를 치는 사람들이 많은 이유일지도 모르겠다.

투기자들은 우월한 정보력을 가지고 시장의 흐름을 미리 알아 투기매입이나 투기매도를 시도하는데 그 결과 초과수요와 초과공급 문제가 빨리 해소된다. 예를 들면 가을에 마늘이나 배추의 작황이 좋지 않아서 김장철 마늘과 배추값이 오를 것으로 예상되면 바로 그 시점부터 투기자들은 마늘과 배추를 사들이기 시작한다. 마늘과 배추값은 김장철 훨씬 전부터 오르기 시작하는 셈이다.

이렇게 되면 농부들은 재배기간이 짧은 배추는 즉시 증산을 시도하며 수입업자들은 중국 등 가까운 이웃 국가로부터 마늘과 배추를 수입해온다. 결과적으로 김장철이 닥치면 주부들은 그리 큰 부담 없이 예년처럼 김치를 담글 수 있게 된다.

원칙적으로 환투기도 부동산투기도 시장에서의 순기능 때문에 좋은 투기에 해당한다. 문제는 시장에서의 역기능 때문에 나쁜 투기가 될 수 있다는 사실이다. 시장에서의 우월적 지위를 이용해 정보 흐름을 차단하고 거짓 정보를 유포한 후 남보다 발 빠른 투기를 통해 시장 질서를 해치고 부당한 이익을 취한다면 나쁜 투기가 될 수밖에 없다. 이때는 정부가 개입하여 부당한 정보 독점을 예방함으로써 시장에서 투기의 순기능을 강화시켜야 한다.

그럼에도 불구하고 실제 시장에서 정부의 선도 기능은 매우 제한적이다. 아무리 정보력이 강한 정부라 하더라도 미래의 적정 가격을 확실하게 알 수 없기 때문이다.

투기의 원조는 17세기 네델란드에서 있었던 튤립 투기였다. 당시 튤립 가격이 소수 투기 세력에 의해 단기에 '청룡열차'를 탄 것처럼 급락과 급등을 계속해도 네델란드 정부가 할 수 있는 일은 별로 없었다.

그러나 환차익을 노린 환투기나 국가 간 금리 차익을 노린 증권

투기와 같이 거시경제와 관련 있는 투기는 정부의 책임이 크다고 할 수 있다. 환율에 영향을 주는 양국의 통화량 차이, 인플레율 차이, 금리 차이 등은 통화당국의 정책에 달려 있다. 만일 통화당국이 이러한 거시경제 정책을 소홀히 하여 권위와 중심을 잃고 근시안적인 여론에 밀리다보면 국민경제는 엉망이 된다.

국제금융의 흐름을 선제적으로 알아 금리 수준을 결정할 것은 물론이고 일단 중장기 목표 인플레율을 합리적 수준으로 결정한 후 이를 달성할 수 있으며, 또 반드시 이를 달성할 것이라는 강한 의지의 신호를 시장에 내보내는 것이 매우 중요하다.

국민들이 모든 투기는 나쁘다는 인식을 버려야 하는 것도 중요하지만 당국 주도로 시장에서의 투기의 순기능을 높이는 것이 더욱 중요하다. 중앙은행으로서 국내 화폐가치의 안정을 유지하면서 통화량의 안정적 공급이 따라주어야 새 일자리가 생겨나고 그동안 위축되었던 실물경제가 회복될 것이다.

시장에서 거짓 정보의 흐름을 차단하고 정보의 독점을 막음으로써 가격 안정을 유지하고 시장 질서를 지키는 것이 그 어느 때보다 필요하다. (『이투데이』, 정론, 2012. 8. 6.)

금융기관 신용회복 급선무다

...

우리나라의 금리 종류는 많다. 금융기관의 신뢰도에 따라 4개 범주가 있다. 은행이 포함되는 제1금융권 금리, 저축은행이 포함되는 제2금융권 금리, 대부업계의 금리, 그리고 관련 당국에 등록조차 없이 거래되는 사금융 금리가 있다. 이 중에서 정부만큼은 믿을 수 있다 하여 은행 금리가 가장 낮다.

또한 금리정책의 기준에 따라 금리가 다양하다. 한국은행 총재가 위원장인 한국금융통화위원회가 결정하는 기준금리는 은행 예대금 금리로 연결이 안 되는 부분도 있지만, 정책금리로서 시중 금리를 선도하는 중요한 기능을 수행한다. 그리고 산업육성 등 정책목적으로 중앙정부와 지자체가 발행하는 채권, 중앙은행이 통화량 조절용으로 발행하는 통안증권, 외국환평형을 유지하기 위하여 정부가 발행하는 외평채에 적용되는 금리는 아주 낮다. 이 밖에 공익에 필요한 장기대출자금을 마련하고자 산업은행이나 기업은행과 같이 특정 금융기관이 발행하는 채권에 적용되는 금리도 낮다. 이와 반면에 유수 기업이라도, 단기상품 선호 기업어음인 CP 금리는 사업상 위험 때문에 상당히 높다.

정부와 민간 기업의 중간에 있는 은행금융기관의 대표적 금리가 양도성예금증서인 CD 금리이다. 은행은 CD를 발행하여 자금을 마련하여 주택 구입자에게 대출해주는 데 사용한다. 이때 은행은 주택을 담보로 하고 CD 금리에 일정 금리를 더하여 대출을 해주기 때문에 별 위험 없이 확실한 수익을 챙긴다. 주택 매입가는 워낙 높기 때문에 선진국에서는 상환기간이 20~30년이 된다. 또 금리도 고정금리와 변동금리 중 조금의 금리 차등을 두어 개별 금융 소비자가 선택하도록 한다. 긴 상환기간 중 금리 변동의 위험은 정보력과 금융 전문성을 지닌 금융기관이 떠맡도록 정부가 유도한다. 어차피 금융기관이 부도위기에 놓이면 세금으로 구출해야 하니까 수익성과 공익성을 동시에 만족시켜야 한다.

그런데 우리나라 금융 소비자는 선진국에 비해 너무 불리한 위치에 있다. 최근 발표에 의하면 주택 매입에 있어 미국의 변동금리 대출은 전체 대출의 26%밖에 안 된다. 그러나 우리나라는 67%나 된다. 그리고 일시상환 비중도 미국은 10%에 불과한데 우리는 40%가 넘는다. 이런 상황에서 정부와 중앙은행의 금리정책에 반대하여 그것도 불공정하게 높은 수준에 묶어두고 은행들이 폭리를 취하였다면 참으로 황당한 일이 아닐 수 없다.

그동안 제2금융권에 속하는 저축은행은 일부 악덕 저축은행의 스캔들로 저축은행 전체의 신용이 추락하고 이미지가 크게 훼손

되었다. 대부업계는 어떤가? 사회 유명인을 안방 TV에 등장시켜 호객 행위를 하고 적용 금리는 은행의 몇 배를 받아왔다. 대부업법 최고금리가 2002년에는 66%, 2007년은 49%, 지금은 39%에 내려와 있으나 여전히 살인적으로 높은 수준이다. 최근 정부 발표에 의하면 저축은행과 대부업 대출을 동시에 보유한 다중채무자 수는 2007년 616만 명에서 2011년에는 722만 명으로 늘어났다. 이 숫자는 앞으로 더 늘어날 것이라 한다. 경제 외형으로는 우리가 세계 10대 선진국 근처라고 하나 금융기관의 신용 순위는 하위 후진국이다.

다소 늦은 감은 있으나 공정위가 증권사의 CD 금리 담합을 통해 수익 부풀리기에 대한 혐의를 잡고 조사에 나선 가운데, 또 어떤 은행은 학력이 낮다고 이자를 더 물려 금융권이 불신을 사고 있다. 우리나라 공정위는 2010년 세계 7대 경쟁정책담당 정부기관으로 평가받았다. 일반 시민이 거짓말을 해봐야 대세에 지장을 안 준다. 그러나 고위관료나 국가 지도자가 진실을 은폐하려 하면 나라가 절단날 수가 있다. 증거가 드러나면 바로 법적 조치를 취해야 한다. 지금 우리 경제가 어렵다 해도 1997년 외환위기 때와는 다르다. 우선 무역흑자 기조이고 노동생산성도 비교적 꽤 높다. 공정위가 하루속히 진실을 규명하여 심판을 내리면 국민의 금융 불신이 가라앉고 향후 닥칠지도 모르는 글로벌 금융위기도 비켜갈 수 있을 것이다. (『디지털타임스』, 이슈와 전망, 2012. 7. 30.)

부동산 붕괴 땐 경제위기 온다

. . .

지난달 6월 26일 미국의 여성 경제학자 안나 슈워츠 박사가 96세를 일기로 유명을 달리하자, 연준 의장 벤 버냉키를 비롯해 수많은 사람들이 그의 죽음을 애도했다. 슈워츠 여사는 미국경제연구소(NBER) 소속으로 통화와 인플레 문제를 연구하는 데 평생을 바쳤다. 그녀의 연구업적 중 밀턴 프리드먼 교수와 공동 저술해 1963년에 출간된 『미국의 1867~1960년 화폐사』가 세상에 가장 많이 알려져 있다.

2006년 11월 케이토(Cato Institute) 경제사회연구소가 주최하는 세미나에서 슈워츠 여사는 자신의 소신을 밝혔다. 서브프라임 모기지 은행의 파산 이유는 고위험·고수익을 추구하는 월(Wall)가의 나쁜 은행들 때문이기도 하지만 동시에 미국의 잘못된 주택소유 장려정책 때문이라고 정부를 신랄하게 비판했다.

21세기에 들어서면서 유가급등으로 산유국은 엄청난 페트로 달러를 벌었으며, 수년 간 계속된 무역흑자로 중국은 당시 2조 달러가 넘는 외화유동성을 벌었다. 이러한 돈은 해외 투자 명목으로 다시 미국으로 유입되어 미국 내 인플레를 위협하게 됐다. 미 정부는 실업률과 인플레를 낮추기 위하여 저금리로 서민들의 주택매입을 장려하는 정책을 시도하였다. 그러자 부동산 붐이 일어나면서 부동산 버블이 생겨났다. 문제는 이자와 원금상환이 어려운 저소득층에게까지 과잉으로 대출해준 것이었다. 부동산 버블이 붕괴되면서 모기지 은행과 리먼 브러더스 같은 대형 투자은행이 파산하게 되면서 미국, 아시아 및 유럽의 많은 국가들이 금융위기를 겪게 됐다. 이렇듯 미국의 경우 부동산 버블 붕괴는 정책 실패의 산물이었다.

우리나라는 부동산 버블이 터지면 엄청난 문제가 생긴다. 우선 피해 금액이 너무 크다. 소형 아파트의 경우 10년 이상의 임금소득에 해당하기 때문에 부동산 버블이 붕괴하면 서민가계에 치명적인 자산손실을 가져오며, 이것은 다시 금융회사의 수지를 급격히 악화시켜 은행과 기업이 연쇄적으로 도산하게 만든다. 이것이 해외의 버블 붕괴와 맞물리면 우리 경제는 바로 위기상황으로 치닫게 된다. 그러므로 부동산 버블을 사전에 적절히 제어할 수 있어야 금융위기 및 경제위기를 예방할 수 있다.

그러나 우리 정부는 사회적 경제적 이유 때문에 부동산 버블을 제어하기 매우 어렵다. 먼저 수도권에서 주택의 만성적인 공급 부족 때문이다. 2010년 우리나라 주택보급률이 103.7%이기에 주택공급이 충분하다고 생각되겠지만 사실은 그렇지 않다. 김포, 파주,

인천 등 수도권 서부지역에서 공급 과잉으로 대규모 미분양이 발생하고 있다 해도 강남 등 누구나 살고 싶어 하는 A급 주거지에선 신규 공급이 뚝 끊긴 상태다.

이사를 하려면 자기 마음에 맞는 집을 고를 것이고, 집주인은 조금이라도 더 높은 가격을 받으려 시간을 끈다. 청소, 도배, 수리 등도 필요하다. 이 때문에 일정 기간 동안 집이 비어 있어야 한다. 이런 상황을 자연 공가율(空家率)로 표시하는데 2010년 국민은행 통계로는 우리나라 적정 공가율은 5.4%였다. 그러면 주택보급률은 105.4%이어야 하는데 실제로 같은 해 서울의 주택공급률은 99.8%밖에 안 되었다. 선진국의 주택보급률은 110~120% 수준이다. 정부가 공가율을 무시하면 부동산정책은 성공하기 어렵다.

부동산 버블을 제어하기 힘든 요인이 또 있다. 대입 준비 학원들이 몰려 있는 강남의 특정 지역과 일류대 합격생을 많이 배출하는 명문고교 지역에는 언제나 주택 공급이 부족하다. 이들 지역의 가격등락이 전국의 부동산시장을 주도하기에 이곳의 가격 변동에 언론은 민감하게 반응한다. 한편 정책당국이 한 박자 늦게 금리와 유동성으로 긴축과 부양을 계속하는 과정에서 부동산 버블과 붕괴가 되풀이된다. 결국 일류대 출신들의 초과이익 추구(rent-seeking)가 계속되는 한, 부동산정책은 성공하기 어렵다. (『매일경제신문』, 매경시평, 2012. 7. 16.)

저축은행 상습적 부실화를 막으려면

. . .

글로벌 투자은행인 모건스탠리가 다른 미국계 투자은행과 공동으로 우리나라 부실 저축은행의 알짜 자산에 관심을 가지고 인수의 입질을 시작하였다고 한다. 한국의 부동산 경기가 살아나면 부동산 담보물이 큰 축복이 되리라는 기대를 가지고 외국계 자본들이 공격적인 M&A를 펼칠 전망이다.

이런 뉴스를 접하면 가슴이 답답해지고 여러 가지 의문이 꼬리를 문다. 부동산 경기가 진작 살아났다면 저축은행 부실화는 안 일어났을까? '저축은행' 이름을 과거의 '상호신용금고'로 진작 바꾸었으면 저축은행 부실은 안 일어났을까? 저축은행 대주주의 횡령과 불법대출이 없었으면 우리나라 저축은행의 총체적 부실은 안 일어났을까? 저축은행 부실과 관련자의 비리 문제는 작년에도 굉장히 떠들썩하게 보도되었는데 왜 똑같은 문제가 계속 터지는 것인가?

저축은행의 전신은 1972년에 만들어진 상호신용금고이다. 이것은 가계의 여유 자금을 흡수하는 동시에 서민과 영세상공인에 금융 편의를 제공하는 것이 주된 설립 목적이었다. 외환위기 전에는 전국에 231개가 있었으나 외환위기 후에는 거의 반이 도산하여 125개만 남게 되었다. 그런데 외환위기가 지나고 2002년에는 서민 금융기관이라는 분위기를 전혀 안 풍기는 저축은행으로 개명되어 마치 전국 은행의 지점처럼 안전하면서도 은행보다 높은 수익을 보장하는 예금을 권장하러 지역 주민 앞에 당당하게 다가왔다. 놀라운 것은 은행의 지점장 수준에 해당하는 한 점포의 대표가 명함에는 저축은행장으로 인쇄하여 가지고 다니기 때문에 그 명함을 받은 고객은 그의 과장된 위세에 깜박 넘어가버린다.

고객 유치 방법은 그렇다 치고, 고객의 돈으로 부동산과 후순위 채권과 같은 고위험 자산에 쉽게 투자할 수 있게 되어 있다. 그래서 우리나라에서 부동산 버블이 터지면 저축은행은 곧바로 부실 금융사가 되어버리고 그리고 도산하면 예금자보호를 위하여 국민 세금으로 조성된 공적자금의 지원을 받게 되어 있다.

상황이 이 정도면 저축은행으로의 개명은 단순한 과장 표현이라는 차원을 넘어 속임수에 해당한다고 볼 수 있다. 차라리 상호신용금융회사로 개명하였으면 정체성도 뚜렷하였을 것이고 투자 범위도 서민 금융사에 맞게 진작부터 적절히 조정되었을 것이다. 사실 필자의 기억으로는 상호신용금고의 주주들은 1980년대 당시 '금고'가 그들 상호에 붙어 있어서 오히려 부당하게 고객으로부터 등돌림을 받기 때문에 '금고' 단어만이라도 빼달라고 금융당국에 줄기차게 건의하였다.

한편 그 당시 영세상공인을 넘어선 기업에 대하여는 1년 만기 단기어음의 할인과 매매를 도와주는 단자회사가 있었으며 고도의 금융기법으로 외자를 조달하고 기업의 어음 발행과 국제금융 서비스를 제공하던 종합금융회사가 있었는데 불행하게도 외환위기 이후 파산하거나 타 금융기관에 합병되거나 해체되었다. 미국에서는 투자은행(IB)이 그 업무를 수행하는데 우리나라에서는 아직 투자은행이 따로 없고 은행과 비은행 금융기관의 일부가 이 업무를 나누어 하고 있다. 이 와중에 상호신용금고가 저축은행으로 개명하여 프로젝트 파이낸싱(project financing) 등을 포함하여 고위험 자산에 투자를 많이 했다. 그러다 결국 저축은행은 오늘의 참담한 상황을 맞게 되었다.

저축은행이 서민 금융회사로 제자리를 찾아가기 위해서는 중기업과 대기업의 금융 수요를 만족시켜주는, 고도의 금융 기법을 갖춘 투자은행의 설립이 전제되어야 한다. 그리고 고객을 현혹시키는 지금의 이름은 지역의 특성에 맞는, 서민용 사금융회사라는 정체성을 나타내는 이름으로 바꾸어야 한다. 대주주들의 비리와 불법대출 예방을 위해 금융당국은 사전 모니터링에 더욱 힘써야 한다. (『디지털 타임스』, 2012. 5. 16.)

유럽 경제가 부진한 이유

…

디레버리징(deleveraging)은 주로 은행이나 금융시장 등 좁은 분야에서 사용된 용어였다. 최근 디레버리징은 금융시장뿐 아니라 거시경제 전반에 걸쳐 사용되고 있다. 경제 호황기에 은행이 대출을 늘리면 기업 투자가 확장되고 고용이 늘어나는 것을 레버리지 효과라 한다. 반면에 경제 침체기에 은행이 대출을 줄이거나 기존의 대출을 거둬들임으로써 경제가 더 빠르게 나빠지는 것을 디레버리지 효과라 불렀다.

2000년대 들어서면서 미국의 잘못된 주택소유 정책 때문에 주택가격 버블이 터지고 서브프라임 주택담보 융자은행이 도산을 했다. 이어 2008년 투자은행과 대형 보험회사가 줄도산하는 글로벌 금융위기가 발발하면서 은행들이 BIS 권고사항인 자기자본비율 8%를 지키기 위해 대출을 급격히 줄였다.

결과적으로 금융기관의 자본건전성은 다소 개선됐다. 그러나 거시경제는 크게 탄력을 잃게 되었으며 실업문제가 심각한 문제로

부상하였다. 금융기관이 대출자금을 회수함으로써 기업은 투자 마인드를 상실하게 됐다. 가계는 소비지출을 급격히 줄임으로써 경제는 디레버리징에 의한 경기침체의 구조적인 악순환을 맞게 됐다.

미국은 글로벌 금융위기가 대량 실업을 가져오는 실물경제 침체로 가는 것을 막기 위해 달러를 무한정 살포하는 양적완화정책을 선제적으로 실시했다. 미국은 지금도 거의 제로 예금금리를 유지할 수 있게 충분한 달러를 공급하고 있다.

물론 미국의 이러한 달러 공급 정책은 불원간에 높은 인플레를 초래할 것이라고 우려하는 목소리가 크지만 경제 석학들과 금융 전문가들은 실업문제를 어느 정도 먼저 해결하고 인플레 문제는 조금 있다가 해결해도 된다고 주장한다.

어차피 달러는 세계통화이기 때문에 미 달러에 대한 해외 수요가 어느 정도 받쳐주는 한, 달러 인플레는 당분간 걱정 안 해도 된다는 믿음이 그들에게 있다. 미국 중앙은행인 연방준비제도가 달러를 계속적으로 공급할 뿐 아니라 감세와 정부지출을 통한 확대재정 정책을 유감없이 집행하고 있는 이유다. 이 덕분에 미국은 이제 고용이 눈에 띄게 늘어나고 GDP 성장률이 조금씩이나마 지속적으로 상승하고 있다.

최근 뉴스에 등장하는 오바마 대통령과 버냉키 연준 의장은 얼굴에 희색을 띠고 있다. 이와 대조적으로 유럽의 17개 유로존 국가들, 특히 GIIPS 5국이 속해 있는 남유럽은 국가부도의 위험과 고실업률의 덫에서 빠져나오지 못하고 있다.

경제상황이 대내외적으로 좋을 때 유로존 회원국들은 역내 통합된 금융시장에서의 고효율성과 통화가치의 안정성이라는 이점을 한껏 즐길 수 있다. 그러나 글로벌 금융위기와 디레버리징 충격을 받는 동안에는 유럽중앙은행은 미국처럼 즉각적으로 일사분란하게 대응책을 마련하기 어렵다. 유럽은 하나의 공동 통화를 쓰고 있으나 정치적으로는 통합되지 않았기 때문에 실업률과 인플레 문제는 회원국마다 다르기 때문이다. 이는 인플레와 실업률 간의 상관관계에 다르게 반응하는 배경이 되고 있다.

유로존에서는 단일 통화를 쓰고 있기 때문에 경제안정화를 위하여 쓸 수 있는 금융정책이나 환율정책은 처음부터 존재하지 않았다. 재정정책만 존재하는데 프랑스와 독일을 제외한 유로존 국가들은 가난해서 정부지출을 행사할 여력은 처음부터 부족했다. 오히려 과거에 발행한 국채가 만기가 되어 돌아오고 있지만 국채를 떠안을 여력이 없다. 다른 회원국이 도와주지 않으면 정부가 부도를 내야 하는 참담한 상황에 놓여 있는 셈이다. 설상가상으로 IMF와 동료 회원국들이 구제금융을 제공하는 조건으로 정부의 지출억제 · 기업부채 축소 · 가계소비 감축 등을 요구하고 있어서 이들의 앞날은 참으로 암울하다.

이런 식으로 가면 이들은 적어도 앞으로 몇 년 동안 지속적인 마이너스 GDP 성장률과 실업률 상승은 면하기 어려울 것으로 보인다. 어차피 유로존 회원국들은 모두 같은 운명체라는 확신을 갖고 있다면 구제금융을 제공하는 회원국들이 지금 가장 힘들어하는 그리스, 스페인에 대해 다른 시각을 가져야 한다.

오늘의 경제문제가 그동안 관련 정부의 흥청망청한 재정지출 때문이었다고 비난만 해서는 안 된다. 그들의 허리띠만 졸라매라고 강요하지 말고 생산과 고용창출로 이어지는 재정지출을 위해 새로운 자금과 가이드라인을 제공해야 한다. 그것도 가능한 빠르게 집행하는 것이 지금 시점에서 가장 필요한 대책이 될 것이다.

(『이투데이』, 정론, 2012. 5. 4.)

따뜻한 자본주의 되려면

. . .

1997년 아시아 금융위기와 2008년 미국발 글로벌 금융위기를 겪은 후 세계 각국이 대량 실업과 소득양극화 현상을 맞게 되자 많은 사람들이 시장자본주의에 회의를 느끼게 되었다. 최근 들어 미국의 금융 중심지인 뉴욕시의 월가에서 수십 년간 일하여 수백억 달러를 번 금융인들도 무언가 새 시스템으로 자신들을 통제해달라고 정부와 정치인들에게 부탁하는 상황이 되어버렸다. 그래서 웬만한 경제전문가라 자처하는 사람도 지금의 시장자본주의에 큰 결함이 있는 게 아닌가 하고 의구심을 갖고 있다.

일반적으로 한 나라의 금융위기나 경제위기의 원인은 국내 경제정책 실패만이 아니다. 그 나라 내부의 정치 불안 때문이고, 또한 자본의 국제화 시대에 편승한 글로벌 투기자본 세력들 때문이다. 국내 시황이 안 좋으면 금방 치고빠지는 '먹튀'로 돌변하는 것이 그들의 생리이다. 단기 투기자본은 적절히 규제되어야 마땅하다. 세계를 둘러보면 국내 정치가 불안하고 내란이 있는 나라치고 잘 사는 나라 없다.

중국은 오랫동안의 '죽의 장막'을 걷고 경제를 개방하여 세계의 저가품 시장을 단기간에 장악함으로써 지금은 3조 달러가 훨씬 넘는 외환보유고를 가지게 되었으며, 세계 제2의 군사 및 경제 강국이 되었다. 물론 이 와중에 인근 신흥국은 수출의 동력을 잃고 외환위기를 맞았고 세계는 글로벌 경제 불균형의 시대를 맞게 되었다. 세상에 공짜가 없다는 이치가 작용한 것이다.

어쨌든 중국은 주어진 국내외 경제 환경을 잘 활용하여 국익을 극대화하였다. 급속도로 달러 자산이 쌓이자 중국 정부 당국은 차분하게 세계의 금을 사들여 국내 인플레를 예방하였다. 반면에 미국은 무역흑자국으로부터 되돌아오는 거액의 자금을 해소하느라고, 상환 능력이 안 되는 사람들에게까지 대출을 받아 집을 사라고 권장하는 정책을 썼다가 다시 고금리 정책으로 급선회하는 바람에 금융위기를 자초하였다. 결과적으로 중국의 경제정책은 성공했고 미국의 경제정책은 실패하였다.

자본의 국제화 덕분에 지금은 한 나라가 금융위기를 맞게 되면 금방 전 세계가 금융위기를 맞게 되어 있다. 이 같은 사실을 미국은 늦게야 깨달았다. 미 연방준비은행의 버냉키 의장은 글로벌 금융위기가 글로벌 실업문제로 전환되지 않도록 거의 제로 금리로 달러를 대량 살포하고 있으며, 다른 나라들도 미국의 저금리정책에 동조하여 통화를 계속 풀고 있다. 앞으로 불원간에 각국은 인플레를 겪게 되겠으나 일단 경제부터 살려놓고 인플레 문제는 그때

가서 여러 관련국들이 협력해서 풀어가자는 생각이다.

후진경제가 하루아침에 선진경제로 발전하지는 않는다. 처음에
는 인재가 많은 정부가 경제를 끌고 간다. 그러나 경제가 발달할수
록 창의성과 기술로 고수익을 누리는 산업으로 인재가 모이게 되
고 그래서 민간산업이 경제를 끌고 가게 된다. 1960~1970년대에
는 우리도 지금의 중국처럼 정부가 경제의 견인차 역할을 하였다.

그러나 그 후 시장경제의 활성화로 우리 경제는 외국이 부러워
하는 선진국 경제에 진입하였다. 물론 시장이 모든 경제문제를 해
결해주지 않는다. 환경 · 국방 · 사회안전망구축 등은 여전히 정부
의 역할이 크게 필요하다. 다만 우리가 지금 부족한 것은 공정한
경기 정신이다. 독과점 기업의 횡포와 강자의 약자 때리기는 여전
히 잘 안 고쳐지고 있다. 시장경쟁이 지금보다 공정해지면 많은 사
람들에게 자유시장자본주의가 따뜻하게 느껴질 것이다. (『디지털타임
스』, 이슈와 전망, 2012. 3. 12.)

'내수'로 리스크 덜자

...

임진년 새해가 되어 각 예측 기관들은 2012년 경제전망을 내놓고 있다. 이들은 올해 우리 경제가 실질 GDP 기준으로 3~4% 성장할 것으로 내다보고 있는데 이것은 작년보다 조금 하향 조정된 수준이다. 작년 이맘 때 각 예측 기관이 내린 경제 전망치는 거의 모두 4% 이상이었다. 그러나 1년 후 실제 치와는 너무 차이가 난다며 특정 예측 기관은 비판을 받고 있는 형편이다. 경제예측 기관은 크게 네 그룹이 있다. 첫째, 기획재정부·한국은행·KDI 등의 공공기관과 둘째, 민간경제연구소, 셋째, IMF와 OECD를 포함하는 국제기구, 그리고 넷째, 한국에 투자를 많이 한 외국 금융기관 소속 연구소 등이다.

2011년 실질 국내총생산(GDP) 예상 증가율은 아직 공식적으로 확정되지 않았으나 3.8%로 집계되고 있다. 거의 모든 예측 기관들은 2011년 초에 4% 이상 수준으로 전망했으며, 지난 1분기와 2분기에 세계 경제가 다소 좋아질 조짐을 보이자 조금 상향 조정하기도 했다. 그러다가 실제로 3~4분기에 들어 세계 경제도 우리 경제도 탄력을 잃는 바람에 결국 1년 총 성장률은 3.8% 수준에 멈추게 되었다.

예측 기관의 속성 때문에 이들의 경제전망은 일관된 차이를 보이고 있다. 우리나라의 경우, 공공기관과 외국 투자기관의 전망은 실제보다 다소 낙관적인 반면에 국내 대형 기업 소속 연구소는 실제보다 다소 비관적 전망을 하는 경향이 있다. 특히 기획재정부나 한국은행은 다른 공공기관보다 조금 더 낙관적이다. 한편 국제기구는 낙관적이지도 비관적이지도 않고 비교적 중립적 입장을 가지고 전망하는 경향이 있다. 그러나 이들은 국내 정치 상황의 움직임을 빠르게 읽지 못하는 약점이 있다.

경제성장을 예측하는 것은 원래부터 어렵다. 경제 예측은 옛날처럼 별자리를 관찰하여 기후를 예측하는 것과 다르고 또 나무의 성장 속도를 관찰하여 숲의 조성을 예측하는 것과는 일의 성격이 아주 다르다. 정치불안이 경제 발목을 붙들어매기도 하지만, 국내외 경제 환경의 변화에 대해 국내외 경제 주체가 어떻게 반응하느냐에 따라 경제 상황이 크게 달라지기 때문이다. 그리고 정부는 실제보다 낙관적이지 않을 수 없다. 정책적으로 고용목표와 물가목표에 따라 GDP 성장률에 직접 영향을 줄 수 있고, 정부가 비관적이면 기업들은 즉시 앞다투어 투자를 줄임으로써 잘못하면 경기침체를 촉발시키는 결과를 가져올 수 있기 때문이다.

우리나라 거시경제는 크게 두 가지 요인인 수출과 내수에 달려 있다. 올해 세계 경제가 불투명하여 수출 물량에 차질이 생길 것 같으면 내수에 집중하여 실업문제를 완화시켜가야 한다.

중국을 비롯하여 미국·유럽도 내수 진작을 강조하고 있기 때문에 우리의 수출에는 조금은 불리할 것이다. 그러나 다른 나라에 비하여 전자·선박·자동차·철강·의류 등에 비교우위가 있기 때문에 우리가 잘만 하면 세계 경제가 좀 안 좋아도 오히려 우리의 수출 물량은 의외로 늘어날 수도 있다.

기관의 속성상, 정부 예측 기관은 다소 낙관적이어야 하겠지만, 우리 기업도 과도하게 비관적이어서는 곤란하다. 결과적으로 성장률 예측에 다소 오차가 생기더라도 그게 부끄러울 것이 아니다. 지금 우리의 심각한 실업문제를 해소하기 위해서는 오히려 기업이 현재의 불확실성을 미래의 기회로 만들어갈 필요가 있다. 미국의 단편소설작가 오 헨리(O. Henry)가 감옥에서 3년간 쓰라린 경험을 한 후 1907년에 쓴 「마지막 잎새」에서 창 밖에 바람과 비에 한 잎 한 잎 떨어져가는 잎새를 보고 자기도 그렇게 죽어갈 것이라고 생각하던 '존시'가 아래층 할아버지 화가의 희생적 도움으로 마지막 잎새가 계속 남게 되자 다시 회생한다는 감동적 이야기가 새삼 떠오른다. (『디지털타임스』, 이슈와 전망, 2012. 1. 6.)

금융 대형화 바람직한가

. . .

작년 11월 한국은 의장국으로서 서울에서 G20 정상회의를 개최하였고, 한국이 의장국 역할을 잘 수행하였다. 오는 11월 초에는 프랑스가 의장국으로서 칸에서 G20 정상회의를 개최하기로 되어 있다. 이번 칸 정상회의에서는 프랑스의 사르코지(Nicolas Sarkozy) 대통령의 주재 하에 단기자본의 국제이동 규제와 국제통화제도의 개혁안이 집중적으로 논의될 텐데 최근 남유럽 경제위기 때문에 이를 해결할 방안이 추가적으로 논의될 것 같다.

남유럽 경제위기는 그리스와 이탈리아의 국가채무 부도위기가 일촉즉발로 시작되었고, 이러한 위기의 불꽃이 스페인 · 포르투갈 · 아일랜드까지 튀게 되고, 그래서 유럽에 이어 세계가 경제위기를 겪게 되지 않을까 하는 우려마저 있다. 이런 상황에서, 국경을 초월한 세계 최고위 정책결정기구라고 불리는 G20 포럼이 지금 유럽이 당면하고 있는 경제위기를 '나 몰라라!'고만 할 수는 없을 것이다.

유럽에서 동일한 유로 화폐를 쓰고 있는 17개 유로존 국가 중에서 유럽의 4대 경제 강국인 이탈리아를 포함하는 PIIGS 5개국이 차지하는 비중은 매우 크다. 그래서 이들이 국가부도를 맞아 그대로 파산하게 내버려둘 수 없을 것이다. 그렇게 되면 도덕적 해이를 부추기는 또 한 번의 대마불사(大馬不死)의 나쁜 선례를 남기게 된다.

대마불사를 풀이하면 큰 말은 어떻게든 살아날 방법을 강구하기 때문에 쉽게 죽지 않는다는 뜻인데 지난 2008년 9월 미국의 대형 금융기관들이 파산위기에 처하자 이대로 두면 국민 경제가 도탄에 빠질 위험이 크다는 이유 때문에 도덕적 해이 문제를 덮어두고 정부가 막대한 공적자금을 투입하여 이들을 살려낸다고 해서 이 같은 현상을 'Too Big To Fail'이라고 표현하였다.

미국의 폴슨(Henry Paulson) 재무장관은 금융기관의 도덕적 해이를 우려하여 수개월 동안 고민 끝에 2008년 9월 미국의 대형 투자은행인 리먼 브라더스 은행을 파산시켰다. 그 후 금방 후폭풍이 일어나 미국과 유럽에 흩어져 있는 투자은행과 일반 상업은행까지 강타하기 시작하였으며, 심지어는 세계 최대 보험회사인 AIG 보험사는 물론이고 굴지의 GE 회사까지 문을 닫게 될 것이 예상돼 폴슨 재무장관은 버냉키 미 연준 의장과 협의하여 정부의 조기 개입을 시도하였고, 그래서 미국의 금융 시스템이 붕괴되는 것을 막았다.

그러나 시장이 좋을 때는 넉넉한 투자수익을 자기들끼리 나누어 가지면서 시장이 안 좋아서 금융기관이 부도가 나면 국민의 세금으로 이들을 구제하는 잘못된 제도는 과감하게 고쳐야 한다고 폴슨 재무장관은 그의 2010년 자서전에서 기술하고 있다.

우리나라 대부분의 은행은 국내에서 대형 금융기관으로 인정받을 수 있다. 그러나 글로벌 기준으로는 소형이기 때문에 글로벌 경쟁시장에서는 덩치가 작아 제대로 힘도 못 쓰고 밀리게 된다. 그래서 우리나라 은행은 가능하면 흡수 및 합병을 통해서 몸집을 불려야 한다고 믿는 사람들이 적잖이 있다. 물론 금융기관의 대형화가 규모의 경제를 가능케 하고 그래서 경쟁력을 올리는 이점이 있다. 그러나 글로벌 금융위기 때문에 은행이 자신의 능력과 상관없이 자산거품이 빠지고 채무상환불능을 겪게 되면 국민 경제의 기반 전체가 순식간에 붕괴될 수 있다. 이런 상황을 신중히 고려하면 몸집만을 애써 키우는 것보다 국적을 불문하고 글로벌 기준의 최고 금융 전문가를 한 사람이라도 더 확보하는 것이 오히려 바람직스럽지 않은가 싶다. (『디지털타임스』, 이슈와 전망, 2011. 10. 31.)

유럽 재정위기 확산과 전망

...

17개 EU 국가로 구성된 유로존에서 그리스와 이탈리아는 역사적으로나 경제 규모 면에서 영향력이 매우 큰 나라이다. 최근 들어 그리스에 이어 이탈리아까지 국가채무불이행 위험이 높아지자 세계 금융시장이 크게 요동치기 시작했다. 이 두 나라에 투자한 민간 투자자들과 공적 기관들은 투자자금을 회수하지 못할까봐 불안해 하고 있다.

유로존의 경제안정을 책임지고 있는 유럽중앙은행과 회원 국가의 구제 금융을 전담하고 있는 IMF는 그리스와 이탈리아의 재정위기를 해결하고자 하나, 다른 회원국가의 반발과 수혜국가의 모럴 해저드 문제가 같이 걸려 있어서 계획대로 원만하게 해결되기 어렵다. 이보다 더욱 심각한 것은 개별 국가의 국가채무위험 문제가 도미노 식으로 유로존 내에 다른 국가로 빠르게 확산될 수 있다는 사실이다.

27개 EU 국가 중에서 아직 10개국은 유로존에 가입되어 있지 않다. 회원국이 되려면 3% 이내의 대 GDP 재정적자 비율을 포함한 다른 조건들을 충족해야 한다. 일단 유로존에 가입하면 역내 공동통화인 유로화를 국내 통화로 사용해야 한다. 그래서 개별 회원국은 국내 고용문제를 해결하기 위하여 금융정책은 쓸 수 없고 재정정책만 쓸 수 있다. 성장과 고용을 위하여 대형 국책사업을 벌이는 경우, 정부채권을 발행하여 소요자금을 조달하게 되는데 그래서 재정적자를 초래하게 된다. 만일 대형 국책사업이 실패하고 유럽중앙은행과 IMF로부터 구제 금융을 얻지 못하면 그 나라는 바로 국가채무 불이행 국가로 전락하게 된다.

이 때문에 유럽 국가들이 하나의 유럽연합으로 통합하고 오랜 전통을 자랑하던 자국 통화를 포기하고 유로화 단일통화를 선택한 것이 처음부터 잘못된 것이라는 비판도 있다. 그러나 아직까지는 단일 통화제도가 유럽연합에 주는 순이익이 충분히 크다는 견해가 지배적이다.

재정위기의 진원지인 그리스는 2008년까지만 해도 경제 사정이 꽤 괜찮았다. 그리스의 2010년 1인당 GDP는 2만 7,844달러로 우리나라보다 조금 높다. 2004년 여름 올림픽을 개최한 후 올림픽 경제특수의 탄력을 받아 2004~2007년 기간 동안 그리스 경제는 연간 4%씩 성장했고 2008년에는 2% 성장했다. 그런데 2009년 들어 경제는 -1.9% 가라앉았고 2010년에는 -4%까지 내려앉았다고 추정되고 있다. 이때가 바로 미국 경제를 비롯하여 세계 경제가 침체를 겪기 시작한 시점과 일치한다.

그리스는 조상을 잘 둔 덕분에 찬란한 문화 문명의 유적지를 보러 많은 관광객들이 몰려온다. 이들로부터 얻는 관광수입이 GDP에서 15% 이상 차지한다. 세계 경제의 불경기로 관광수입이 급격히 떨어지면서 그리스에 재정위기가 바로 닥쳐왔다. 관광수입에 크게 의존하고 있는 이탈리아도 거의 비슷한 처지에 있다. 그래서 사람들은 그리스의 재정위기의 불똥이 쉽게 이탈리아로 튈 것이라고 예상하고 있으며, 그 다음에는 포르투갈과 스페인이 될 것으로 우려하고 있는 것이다.

　만일 이것이 현실화되면 유럽 경제는 물론 세계 경제 전체가 어려워질 것이다. 경제위기를 맞은 국가를 살리기 위하여 유럽중앙은행과 유럽의 민간 은행들은 세계 곳곳에 있는 유럽계 은행들로부터 자금을 동원하여 유럽에 쏟아부을 것이며, 그렇게 되면 세계 각국은 유로화를 포함한 세계 기축통화의 부족을 겪게 될 것이다. 이 와중에 한국은 물론이고 세계 경제는 글로벌 투자자금의 지속적 축소에 따른 소위 글로벌 디레버리징(deleveraging) 현상을 겪게 될 것이다.

　그러나 이것은 있을 수 있는 최악의 시나리오라고 생각하며 그렇게 될 가능성도 확률적으로 매우 낮다고 본다. 왜냐하면 유로존의 2대 맹주인 독일과 프랑스가 유럽의 자존심을 위해서라도 역내 리더십을 지금보다 훨씬 더 강화할 것으로 예상하기 때문이다. 그러나 무엇보다도 위기 당사국의 국민들이 재정적자 축소를 위해 자의든 타의든 허리띠를 졸라맬 것으로 전망된다. 결국 세상에 공짜는 없기 때문이니까. (『디지털타임스』, 이슈와 전망, 2011. 7. 18.)

카이스트 비극과 총장의 리더십

. . .

카이스트(KAIST · 한국과학기술원)에서 올 들어 4명의 학부학생이 자살을 했고, 연이어 세계적으로 명성을 날리던 교수까지 자살함으로써 카이스트 구성원은 물론이고 우리나라 전 국민이 안타까움과 놀라움으로 큰 충격을 받았다. 비보에 충격을 받은 카이스트 학생들은 학교 게시판의 대자보에 "……성적에 따라 수업료를 차등 지급하는 등록금 정책과 실패를 용납하지 않는 재수강 제도 그리고 신자유주의적 개혁정책은 단순히 학업 부담을 가중시키는 데에 그치지 않고 우리는 학점 경쟁에서 밀려나면 패배자 소리를 들어야 하고……"라고 울분을 쏟아내었다.

　카이스트 내의 혹독한 경쟁 분위기는 미국의 명문대학에서도 마찬가지다. 그러나 그들의 대처 방법은 우리와 매우 다르다. 그들은 학생들이 실패해도 다른 좋은 대학으로 옮겨갈 수 있게 관리를 해준다. 필자는 1970년대 중반 미국 시카고 대학에서 경제학 박사를 취득했다. 시카고 대학은 노벨 수상자를 많이 배출한 대학으로 유명하다. 그 당시 학생들에게 전설적 인물로 존경받던 교수 중 노동경제학을 가르치던 교수가 한 사람 있었다. 그는 원래 시카고 대학원에서 박사 공부를 시작했으나 살벌한 경쟁 분위기가 싫었고, 박사 관문을 통과하는 첫 종합시험에 실패하자 다른 대학으로 옮겨갔다. 그런 그가 다른 명문대학에서 박사학위를 받고 독보적인 연구 실적을 쌓음으로써 시카고 대학에 전임교수로 당당하게 다시 돌아왔다. 그래서 그는 학생들에게 우상적 인물이 됐고, 그로부터 25년이 지난 후 그는 노벨 경제학상을 받았다.

서남표 총장은 학문적 업적을 가지고 그의 이름을 세계에 떨친 자랑스러운 한국인이다. 그러나 그는 한국 실정에 관하여 염두에 둬야 할 두 가지 사실을 간과했다. 하나는 미국과 같은 선진국에서는 대학에서 한두 번 실패하더라도 다시 일어날 수 있는 기회가 많이 주어지는 반면에 한국에서는 그렇지 않다는 사실이다. 또 하나는 아무리 머리가 우수한 카이스트 학생이라도 수없이 많은 반복을 요구하는 외국어를 단기에 마스터하기는 어렵다는 사실이다.

정도 차이뿐일 따름이지 국내 다른 대학도 카이스트와 거의 비슷한 문제를 안고 있다. 많은 대학이 교수의 논문 실적과 학생의 영어 강의 비율 등의 기준을 가지고 정부의 보조금을 얻기 위해 치열한 경쟁을 벌이고 있다. 해외 학술지에 논문을 싣는 것은 단기에는 어렵다. 그런데도 총장의 단기 실적을 위해 교수들에게 압박을 가하면 결국 질이 낮은 논문이 유명도가 낮은 학술지에 실리면서 개수만 늘어나게 되는데 이것이 언제까지 지속될지 의문이다.

대학마다 영어 강의 비율을 경쟁적으로 높여가고 있는데 이것도 앞으로 터지게 될 시한폭탄이다. 교수가 해외 영어권에서 4~5년 박사 공부를 하고 왔더라도 국내에서 영어 강의를 정상적으로 진행하기 어렵다. 뚜렷한 학문적 업적도 없고 영어 강의 능력도 없는 사람이 갑자기 낙하산으로 총장이 돼 교수위에서 논문을 재촉하고 100% 영어 강의를 강요하면 시한폭탄은 더 빨리 터질 것이다.

대학총장의 최우선 임무는 기부금 모금이다. 필자는 과거에 여러 나라 총장들이 모여 진행하는 회의를 몇 번 본 적이 있다. 그들은 거의 소통의 달인들이며 모금의 귀재였다. 그들의 연설은 마음을 울리는 강한 호소력이 있었다. 이들은 엄격한 절차를 거쳐 선임된다. 먼저 교내에 총장초빙위원들이 선정되고 이들이 주축이 돼 세계 인물을 대상으로 인터뷰해 총장 후보자의 소신과 비전을 평가한다. 일단 총장으로 부임해오면 밤낮으로 모금을 위한 아이디어를 구상하고 틈만 나면 기부자들에게 편지를 써 계속적인 기부를 호소한다.

이번 카이스트 비극에는 세 가지 교훈이 있다. 첫째, 젊은 영재들이 실패해도 노력해 다시 일어설 수 있게 하고 그렇게 해서 성공한 영웅들을 치하해주는 사회적 분위기를 만들어가야 한다. 둘째, 총장이 단기 업적을 위해 교수의 논문 게재를 재촉하고 학생들의 능력에 부치는 영어 강의 수강을 강요하면 모든 사람이 불행해진다는 사실이 인식돼야 한다. 셋째, 예산의 제약 하에서 교수와 학생들의 희생을 강요할 것이 아니라 모금과 소통의 달인으로서 대다수 교수의 학문적 업적을 능가하는 사람이 총장이 되는 전통을 만들어야 한다. ([특별기고] 2011. 5. 12.)

국제통화제도 개혁의 윤곽

. . .

지난 4월 13~14일 양일 동안, 파이낸셜 뉴스가 글로벌 금융전문가와 세계 석학을 초빙하여 제12회 서울국제금융포럼을 개최하는 동안 국제통화제도의 개혁과 글로벌 금융시장의 발전에 관하여 중요한 안건들이 발표되었고 논쟁도 있었다. 이번 행사 때 발표된 모든 내용을 듣지 못하였으나 국제통화제도 개혁에 관한 심도 있는 발표와 토론을 지켜보면서 향후 국제통화제도 개혁의 윤곽을 잡을 수 있게 되어서 필자에겐 이번 포럼이 매우 유익하였다.

국제통화제도의 개혁은 1971년 8월 IMF 관리 하에 있었던 고정환율제도가 붕괴된 후부터 간헐적으로 있었으나 1997년 아시아 외환위기와 2008년 글로벌 금융위기가 있은 후부터 국제통화제도 개혁의 필요성을 선진국의 대통령들이 주동이 되어 강도 높게 주장해왔다.

이번 서울국제금융포럼에 참가한 전문가 및 석학들은 자국의 국가 원수를 가까운 거리에서 자문하는 사람들이기 때문에 이번 행사에서 표출된 그들의 생각과 견해는 상당한 무게를 지닌다고 볼 수 있다.

그동안 드러난 국제통화제도의 심각한 결함은 다음과 같이 두 가지로 축약될 수 있다. 첫째, 빠르게 팽창하는 세계 경제 규모에 비하여 국제결제통화량이 절대적으로 부족하며, 그것도 미국 달러에 편향적으로 의존하고 있어서 세계 경제가 미국 경제의 상황 변동에 따라 부당하게 큰 영향을 받게 된다는 사실이다. 달러 의존형 국제통화제도는 미국 경제가 세계 경제의 견인차 역할을 하게 하는 순기능이 있는 반면, 미국 경제가 어려워지면 즉각적으로 세계 환율불안, 교역량 위축, 자본이동의 변동성 증대 등을 초래하는 심각한 역기능이 있는 것이 문제였다.

현행 국제통화제도의 또 다른 결함은 세계 경제의 상호의존성 때문에 한 나라의 경제위기가 너무나 빠른 속도로 이웃나라로 번져서 지역 경제와 세계 경제를 강타하는 데도 이를 사전에 감지하고 방어하는 시스템이 없다는 것이다. 미국 달러 의존형 국제통화제도의 결함을 보완하기 위하여 그동안 제기되었던 대안은 SDR(IMF 특별 인출권)의 추가 공급, 인민폐의 국제화, 금본위제로의 복귀, 아시아 공동통화 발행 등이었다.

과중한 대외상환 부담을 지고 있는 외채국가나 만성 무역흑자국을 구별하지 않고 일정 비율로 모든 IMF 회원국에 배분되는 SDR은 규모도 작을 뿐만 아니라 글로벌 모럴 해저드의 위험만 크게 할 수 있다. SDR 추가 공급 대신에 단기 유동성 부족으로 위기가 오는 것을 대비하여 2국 간 통화 스와프 계약을 여러 나라와 맺어두는 것이 오히려 효과적이라는 것이 지배적인 견해였다.

금본위제로의 복귀는 전 세계의 금보유량이 현재 7조 5백억 달러(17만 톤)에 불과하기 때문에 논의조차 붙이기 힘들다는 결론이었다. 인민폐가 국제결제통화로 쓰이게 되는 것은 중국 정부의 공식 선언에 의해서 억지로 되는 것이 아니라 세계 여러 국가가 자발적으로 인민폐를 사용하고 또 가치저장을 위하여 보유하게 됨으로써 가능해지는데 그때까지는 아직도 많은 세월이 흘러야 한다는 것이 중국을 포함하여 이번 포럼에 참가한 여러 나라 전문가들의 결론이었다. 결국 역내 결제통화의 부족 문제는 역내 공동통화를 새로 창출하는 것이 바람직하고 또 그나마, 비교적 짧은 기간 내에 실현이 가능할 것이라는 의견이 지배적이었다.

글로벌 금융위기를 사전에 방지하거나 사후에 효과적으로 대처하기 위하여 IMF를 세계중앙은행으로 격상시키자는 아이디어에 대해서는 대체적으로 부정적이었다. 과거 환율에 관해서만 IMF에 통제 권위를 인정하였으나 IMF 고정환율제의 붕괴를 계기로 IMF에 대한 유용성이 크게 훼손되었다. 그리고 아시아 외환위기 때의 잘못된 대처 방법과 그동안 쌓여온 IMF에 대한 회원국의 불신 때문에 단순한 환율 조정의 자문 수준을 넘어 IMF가 세계 중앙은행으로서 각 회원국의 금융 및 통화정책을 쥐락펴락할 수 있도록 회원국이 허락하려면 많은 세월이 흘러야 할 것이다. 오히려 기관의 정체성과 기능을 비교적 쉽게 인정받을 수 있는 지역 중앙은행의 설립이 훨씬 더 바람직하다는 것이 중론이었다.

　아무튼 이번에 파이낸셜 뉴스가 주최한 서울국제금융포럼을 통하여 값진 내용의 의견 교환과 함께 국제통화제도 개혁 및 글로벌 금융시장 발전을 위한 방안들이 심도 있게 논의된 것에 대해 주최 측에 크게 고마운 마음을 전하며, 또한 400여 참석자 모두에게 성능 좋은 랩톱을 쓸 수 있게 하는 등 세심한 배려를 함으로써 발표자와 토론자 모두에게 신선한 충격을 안겨주어 결과적으로 격조 높은 회의를 진행할 수 있게 한 파이낸셜 뉴스에 큰 찬사를 드린다. (『파이낸셜뉴스』, 2011. 4. 20.)

일본 대재앙의 교훈

. . .

지난 3월 11일 세 개의 강도 높은 재앙이 덮침으로써 일본은 제 2차 세계대전 후 최대의 위기에 빠졌다. 리히터 규모 9.3 정도의 강진과 파도 높이 30미터 이상의 쓰나미가 일본의 동북부를 강타한 것이다. 거기다가 해안 지역에 가장 안전하게 만들었다는 원자력 발전기들이 파괴되어 방사능 오염과 방사성 물질의 낙진을 염려하게 됨으로써 일본은 사상 최대의 재앙을 맞았다.

이번의 일본 재앙에 대해 전 세계는 세 번 놀랐다. 재앙의 엄청난 파괴력에, 국민의 침착한 대응에, 그리고 일본 엔화 가치의 상승에……. 재앙의 참상과 그에 대한 일본인 특유의 대처 자세는 그렇다 하더라도 이 정도의 재앙이 덮치면 세계 외환시장에서 그 나라의 화폐가치는 떨어져야 하는데 일본 돈 가치가 오히려 올라간 것은 놀라운 사실이다.

최근 국제회의에서 일본 학자들에게 직접 들은 바에 의하면 그 이유는 이러하다. 일본 경제의 회복을 위해 세계 각지에 투자해둔

자금이 회수되어 본국에 돌아오는 과정에서 엔화에 대한 수요가 강해졌기 때문이며, 또 한편으로는 일본 경제의 빠른 회복이 기대되고 있기 때문에 엔화 강세는 당분간 계속 이어질 전망이라는 것이다.

이 같은 일본에 대해 많은 나라들은 신기하게 생각하고 일본 사람들을 높이 평가한다. 일본의 민족성이 원래부터 그렇다고 믿는 사람도 많다. 그러나 위기 대처에 있어서는 국가 리더십이 결정적인 역할을 한다. 자유민주국가에서는 비전을 제시하는 주체는 자연히 지식과 경륜을 많이 쌓은 어른들이며 대국민 설득을 담당하는 주체는 정부와 언론이다. 이런 점에서 일본은 우리보다 유리하다. 일본은 입헌군주국가로서 위기가 발생하면 국왕을 중심으로 국론이 하나로 집중되고 일사분란하게 움직인다.

한편 우리나라는 대통령 단임제 복수정당 정치체제로 국가적 위기가 발생하면 국론이 분열되기 쉽고 민심이 흩어지는 성향이 많다. 거기다가 국정실패로 정부가 국민의 신뢰를 잃을 경우, 외국인 투자자의 '탈한국'은 곧바로 외환위기와 금융위기로 이어진다. 1997년 여름 태국에서 시작된 외환위기의 '폭풍'이 그 해 12월 대통령선거를 앞두고 정치 상황이 불안정하게 전개돼 국가 리더십이 거의 없다시피 되자 국내외 투자자들은 앞다투어 자금을 회수하여 한국을 떠나갔다. 그 결과 한국은 외환위기와 함께 참담한 기업 줄도산과 처참한 대량 실업을 경험하였다.

내년 12월 대통령선거를 앞두고 지금 진행되는 상황이 심상치 않다. MB 정부의 실정 때문에 내년 4월 총선에서는 여소야대가 될 것이라는 견해가 지배적이다. 거기다가 차기 대통령선거에서 누가 대권을 이어받을 수 있을지는 지금 매우 불확실하다. 만일 이 같은 정치 불확실성이 내년 선거 직전까지 지속되면 외국인 투자자들은, 사태가 수습되면 다시 오더라도 일단 한국을 떠날 것이다. 그렇게 되면 주가 폭락과 환율 폭등으로 1997년 환란이 그대로 재현되는 것이다. 우리나라가 2,800억 달러 수준의 외환을 보유하고 있어 우리의 1조 달러 무역 규모에 비해 지금은 충분한 것 같으나 일단 위기가 발생하여 외환 썰물 현상이 일어나면 그 후 이어지는 경제 재앙은 막기가 어렵다.

위기가 예측되면 더 이상 위기가 아니라는 말이 있다. 그런데 우리나라는 정부 시스템과 정치 시스템의 경직성 때문에 위기가 예고되어도 필요한 조치가 내려지기 힘들다는 사실을 국내외 인사들이 자주 지적해왔다. 아무쪼록 우리 정부, 지식인, 언론이 일본 재앙을 교훈 삼아 국가 리더십을 충분히 발휘하여 경제위기가 닥치지 않았으면 하는 필자의 생각이 간절하다. (『디지털타임스』, 이슈와 전망, 2011. 4. 4.)

안보와 고용에는 공짜가 없다

...

2011년 새해에 들어 국민의 두 가지 최대 관심사는 안보와 고용이 아닌가 싶다. 왜냐하면 새해 여러 국정과제 중에서 국민의 생명과 재산을 지켜주는 국가안보와 국민의 생활안정을 유지해주는 고용보장보다 중요한 과제는 없기 때문이다. 예년과는 달리, 안보가 최대 관심사로 떠오르게 된 것은 지난해 있은 북한의 2차례의 대남 도발사건 때문이다. 북한은 3월 26일 우리 해군의 천안함을 폭침시켰다. 이어서 G20 서울정상회의가 성공리에 끝나자 북한은 11월 23일 또다시 연평도를 포격하여 민간인까지 살상하였다. 불행하게도 이러한 북한의 도발은 앞으로도 계속될 확률이 매우 높아서 큰 걱정이다.

지난해 우리나라 경제 실적은 놀랍게도 매우 좋았다. 사상 초유 417억 달러의 무역흑자를 내었고, 무역 규모도 9,000억 달러에 육박하여 올해 2011년에는 1조 달러를 훨씬 넘게 될 것으로 보인다. 실질 GDP 성장률도 6.1%가 될 것이라고 한다. 이것은 연초에 정부 연구기관들이 5%도 안 될 것으로 예측한 사실에 비하면 상당히 좋은 결과이다.

이렇듯 예상 밖의 외형적 성장에도 불구하고 내부적으로는 어두운 그림자가 드리워져 있다. 대기업 주도의 수출 급신장에도 불구하고 청년실업이 100만 명을 넘어섰다. 그런데 심각한 문제는 정부와 기업이 아무리 노력해도 청년실업뿐 아니라 일반 실업자 수도 앞으로도 계속 늘어날 것이라는 우려가 많다는 사실이다. 지금 전체 실업자 수는 수백만 명이 된다고 하는데 이렇게 계속 올라만 가는 실업률은 앞으로 우리 사회에 커다란 불안요인으로 작용할 것이다. 그러므로 급증하는 실업문제는 어떻게 해서든지 해결되어야 한다.

이렇듯 새해 들어 국가안보와 일자리 확대가 과거 어느 때보다 중요한데 먼저 북한의 대남 도발의 배경을 짚어보자. 북한의 도발 이유는 한마디로 북한이 남쪽을 얕잡아보기 때문이다. 이 지구상에 어떤 나라도 군사강대국을 상대로 시비를 걸고 도발하지 않는다. 북한에겐 미국이 제일 걸림돌이다. 미국의 여론이 한국을 떠나기만 하면 곧바로 남한을 접수할 수 있다고 북한은 굳게 믿고 있다.

이런 상황인데도 과거 우리 정부는 방위비 지출에 매우 보수적이었다. 정부재정에서 차지하는 국방비 점유율은 2004년 15.8%에서 점점 줄어들어 2010년에는 10.1%가 되었다. 과거 고도 경제성장 시대에는 오히려 방위비 지출이 높았다. 대 GDP 방위비율이

6%였으나 지금은 2.8%로 내려와 있다. 선진국도 국가 방위는 자주국방만으로는 부족하기 때문에 외교와 동맹을 통한 국방을 병행한다. 자주국방은 엄청난 비용이 들지만 외교국방과 동맹국방도 공짜는 아니다. 국제사회에서 발언권을 높이려면 후진국에 경제 지원을 계속해야 하며 동맹국이 국내에서 정치적으로 경제적으로 어려울 때 기꺼이 도와야 한다. 국방에도 공짜는 없기 때문이다.

남북이 첨예하게 대립하고 있는 이때, 우리는 국방비 예산을 상당 수준까지 단계적으로 높여갈 수밖에 없다. 지금의 징병제는 그대로 유지하되 정부 예산을 들여 비전투 분야에 비숙련 노동과 숙련 노동을 구분하여 민간인들을 대거 취업시킬 수 있어야 한다.

다행히 새해 들어 10대 기업의 100조 원 투자계획은 정말 반가운 소식이다. 이처럼 사상 최대의 투자가 진행되면 청년실업 문제를 해소하는 데 다소 도움이 될 것이다. 그러나 아직도 기업들은 강성노조의 폐해 때문에 될 수 있으면 사람을 안 쓰려고 한다. 세상만사 공짜가 없다. 다행히 지난해 노사관계는 IMF 사태 이후 가장 안정된 것으로 나타났다고 한다. 이런 추세가 계속되면 우리 기업이나 외국 기업의 노동자 기피증도 상당히 가라앉지 않을까 기대해볼 만도 하다. (『디지털타임스』, 이슈와 전망, 2011. 1. 14.)

글로벌 불균형시대와 G20

...

자유민주주의 국가에서 모든 사람은 자신의 행복을 추구할 권리가 있다. 그러나 행복을 추구하는 과정에서 남의 행복을 유린해서는 안 된다. 기업이 이윤을 추구하는 과정에서 개인과 국가에 손실을 끼쳐서도 안 된다. 그래서 개인과 기업이 환경을 오염시키거나 교통혼잡을 유발할 때는 정부가 벌금을 부과함으로써 사회적 비용을 경감한다.

시카고 법과대학의 로날드 코우스(Ronald Coase) 교수는 환경오염과 교통혼잡의 경우에도 소유권의 소재가 분명하면 정부의 개입 없이 민간인 당사자들이 자발적으로 협상함으로써 이런 문제들을 해결할 수 있다고 주장하였고, 그 업적으로 1991년 노벨 경제학상을 받았다.

한 국가 내에서 환경오염이나 교통혼잡비용 문제를 해결하는 것은 비교적 쉬운 일이다. 그러나 이런 문제가 국제적으로 걸쳐 있으면 해결하기 어렵게 된다. 예컨대 중국의 황사가 기류를 타고 한국에 와서 큰 피해를 주어도 한국이 당당하게 손해배상을 청구할 수 있는 처지에 있지 않다. 일본도 이 문제에 관한 한 우리랑 비슷한 처지에 있다. 손해배상을 청구하려면 황사의 원인이 확실해야 하고 피해 규모도 확실하게 추정되어야 할 것이다. 그리고 가해자의 실체와 의도 여부도 철저하게 규명되어야 하는데 이 모든 것이 불확실하기 때문에 이러한 국제적 외부불경제 문제가 제대로 해결되기는 거의 불가능하다.

과거 1997년 여름 태국에서 시작된 외환위기는 삽시간에 말레이시아, 인도네시아, 한국으로 퍼지면서 아시아 전체가 엄청난 피해를 입었다. 외국인 투자자들이 일시에 앞다투어 이 나라들을 빠져나감으로써 외환위기는 금융위기와 경제위기로 확대되었다.

2008년 글로벌 금융위기는 1990년대 초부터 계속된 글로벌 무역불균형 때문이라고 보는 견해가 지배적이다. 중국을 포함한 신흥국가들의 과도한 무역흑자는 미국을 포함한 무역적자국에게 투자자금이 흘러들어가게 하였으며, 이들 무역적자 국가는 곧 부동산 및 금융자산 가격의 버블을 겪게 되었다. 특히 미국은 계속 밀려오는 외국 자금을 소화하는 차원에서 상환 능력이 약한 서민에게도 주택 구입을 장려하는 무리한 주택정책을 실시하였고, 그 결과 비우량 주택저당 은행인 서브프라임 모기지 은행이 도산의 위기를 맞았다. 이어서 서브프라임 주택담보채권이 불량채권이 됨으로써 이에 대량 투자하였던 세계 굴지의 투자 은행들이 리먼 브라더스 은행을 선두로 하여 차례로 줄도산하였으며, 이로써 세계는 순식간에 글로벌 금융위기를 맞게 되었다. 글로벌 경제위기를 사전에 탐지하고 또 사후에 신속하고 효과적으로 대처할 국제기구와 세계 중앙은행이 존재하지 않기 때문에 앞으로도 세계 경제는 글로벌 위기를 언제든지 맞을 수 있다.

글로벌 금융 및 경제위기를 막으려면 우선, 주요 무역국들이 과다한 무역흑자와 무역적자를 처음부터 자제하는 것이 필요하다. 그래서 대 GDP 무역흑자 비율을 적정 수준에 제한하는 것이다. 물론 자유무역을 규제하는 것은 부당한 처사라고 이에 반대하는 주장도 있을 것이다. 그러나 개별 국가가 자국의 이익만을 앞세우는 결과가 세계 경제에 엄청난 외부불경제 피해를 주게 되며, 또 이것이 세계 각국이 견디기 어려운 정도라면 주요 당사국들이 모여 해결 방법을 모색할 필요가 있다. 이번 11월 11일에 서울에서 개최되는 G20 정상회의에서 지도자들이 이 문제를 의제로 하여 논의를 시작하는 것이 그 어느 때보다 필요하다. (2010. 11. 1.)

'양날의 칼' 친 서민정책

. . .

'8·8 개각'을 계기로 정부는 친서민정책을 강화할 것으로 보인다. 1945년 8·15 해방 이후 1950년 6·25 전쟁을 거치면서 우리는 참 가난하게 살았다. 1960년대 말까지 대부분의 사람들은 하루 세 끼 먹는 것이 어려웠다. 그러나 지금은 많은 나라들이 부러워할 정도로 잘사는 나라가 되었다. 많은 사람들이 고소득을 받으며 좋은 집과 좋은 승용차를 소유하며 윤택한 생활을 누리고 있다. 그러면서도 그들은 아직도 과거 서럽고 힘들었던 그들의 서민생활을 생생하게 기억하고 있다. 그래서 정부의 친서민정책에 동의하는 사람들이 많은 듯하다. 그러나 정부와 여당은 이럴 때일수록 조심해야 한다.

어떤 나라든 그 사회는 상류층, 중산층, 빈곤층으로 나누어지는데 중산층이 많을수록 빈부격차가 적어지고 사회가 안정된다. 정부출연 연구기관인 KDI의 최근 발표에 의하면 우리나라는 1997년 외환위기 이후부터 지금까지 중산층은 급속히 줄어드는 한편 빈곤층은 꾸준히 늘어나고 동시에 상류층은 오히려 계속 증가해왔다고 한다. 1996년 상류층, 중산층, 빈곤층은 각각 20.3%, 68.5%, 11.3%이었던 것이 2000년에는 22.4%, 61.9%, 15.7%로 되었으며, 작년 2009년에는 24.1%, 56.7%, 19.2%가 되었다. 이와 같은 사실은 결국 우리나라의 소득 분배가 날로 악화되고 있음을 뜻하는데 이를 반영하듯이 소득분배지수인 지니(Gini)계수가 같은 기간 동안에 0.298, 0.340, 0.350 지속적으로 상승해왔다.

이런 상황에서 정부는 친서민정책을 강화하기로 하였는데 서민층은 빈곤층 중에서 극빈자들을 제외한 사람들을 가리킨다. OECD의 분류에 의하면 중산층은 중위소득의 50~150%를 벌어들이는 소득가구가 해당되며, 그 이상 수준의 소득을 버는 가구는 상류층, 그 이하는 빈곤층으로 분류하고 있다. 이러한 분류는 나라마다 조금씩 다르겠지만 우리나라는 통계적 편의상 주택을 소유한 사람은 중산층에 해당하고 세입자는 서민층에 해당한다고 본다. 과거 정권에서는, 적어도 외환위기 전까지는 중산층을 육성하는 정책을 많이 썼다. 그렇다보니 극빈자는 아니나 중산층 이하의 서민층을 배려하는 정책이 부족하였다.

향후 우리나라 정책은 본격적인 출구전략에 따라 금리가 오르고 따라서 가계대출 부담이 상당히 올라갈 것이다. 그리고 기업의 비용 상승에 따라 물가 특히 서민물가도 크게 오를 것으로 예상된다. 그래서 그동안 상대적으로 관심을 적게 받아온 서민층에 대해 정부가 특별한 관심을 보이고 정책적인 배려를 하는 것은 어쩌면 당연한 일이라 할 수 있다.

그러나 정부가 친서민정책으로만 추진해갈 수는 없다. 중산층 육성도 함께 추진되어야 한다. 친서민정책은 양날을 가진 검에 비유될 수 있다. 양날의 검은 양쪽으로 칼날이 서 있어서 검을 앞으로 내밀어 상대를 제압하면 내게 유리한 칼이지만 만일 상대의 힘에 밀리면 내겐 오히려 대단한 위협이 될 수 있다. 친서민정책이 여기에 해당한다. 친서민정책을 너무 강하게 밀어붙이면 역풍을 받아 중산층은 더욱 줄어들게 되고 상류층은 오히려 늘어나는 결과를 가져올 수 있다.

우리나라는 이제 경제강국이고 스포츠 강국이다. 그러나 사회적으로는 아직도 서민이기 때문에 당하는 억울함과 고통받는 사람이 많은 중진국이다. 상식적 기준에서 보아도 개선되어야 할 문제들이 도처에 깔려 있다. 정치적 의지만 있으면 고쳐질 것들이 많다. 그러나 친서민정책이라 하여 시장원리에 배치되는 정책을 남발해서는 안 된다. 시장원리에 의한 계층 간의 갈등 해소가 지금처럼 중요한 때가 없었던 것 같다. (『디지털타임스』, 이슈와 전망, 2010. 8. 16.)

중국 바스켓 통화제의 양날

. . .

최근 중국의 인민은행이 현행 환율제도를 관리변동환율제도로 바꾼다고 발표한 후 위안화는 국제 외환시장에서 상승세를 탔다. 이것은 중국의 환율제도 변경을 국내외 시장에서는 일단 위안화 절상 추세로 해석했기 때문이다. 그런데 앞으로 이 상승세가 얼마나 지속될 것인가? 이에 대한 해답은 무엇보다도 중국 정부의 환율정책에서 찾을 수 있다.

이번에 중국이 관리변동환율체제로 환율제도를 변경한 주된 이유는 향후부터 중국 정부가 위안화 결정에 적극적으로 개입하기 위한 것이다. 과거 환율제도는 표면적으로는 바스켓 통화 연동제였으나 실제로는 달러 연동제였기 때문에 위안화는 중국의 무역수지 여하에 관계없이 미국 달러의 대외가치 변동에 따라 움직였다. 미 달러가 올라가면 위안화도 같이 올라가야 하는 환율제도였다. 미 달러가 약세일 때는 중국의 막대한 무역적자에도 불구하고 위안화는 약세를 유지하여 무역흑자를 더욱 심화시켰다. 미 달러의 중장기 약세가 예상되는 상황에서 중국의 외환보유 축적은 과 잉이 될 것은 뻔한 사실이었다. 작년 2조 달러 수준이었던 외환보 유액이 올 들어 벌써 2조 5,000억 달러를 넘어섰다. 이것은 세계 경제의 불균형을 심화시킬 뿐만 아니라 중국 입장에서도 엄청난 외화자산의 가치가 달러 변동에 따라 등락이 되풀이된다는 사실 은 중국 경제에 커다란 불안요인이 된다. 따라서 중국은 정부가 수 시로 개입하여 위안화를 원하는 수준에 유지시켜갈 수 있다고 믿 어지는 관리변동환율제도로 환율 결정 시스템을 바꾼 것이다. 어 쩌면 세계 경제 불균형 해소를 원하는 주요 선진국들도 이번 중국 의 환율제도 변경을 내심 반기고 있는 듯하다.

이번에 중국이 관리변동환율제를 택한 것은 처음이 아니다. 지 난 2005년 7월 중국은 기존의 달러화 연동제에서 바스켓 복수통 화 연동제로 바꾸었다. 그 당시에도 지금처럼 과다한 무역흑자 때 문에 중국은 서방세계로부터 위안화 절상 압력을 심하게 받고 있 었다. 달러 연동제 때문에 무역수지 여부와 별도로 움직이는 위안 화는 세계 무역 불균형을 심화시키기만 하였다. 그래서 중국은 바 스켓 통화 연동제로 이행하면서 위안화를 다소 절상하였다. 그러 나 중국의 미국 시장 점유율이 워낙 크기 때문에 그리고 달러 연 동제가 거래 편의상 워낙 유리하였기 때문에 다시 달러 연동제로 복귀하였다. 그러다가 이번에 다시 관리변동환율제인 바스켓 통화 제로 복귀하는 것으로 이해해야 무리가 없을 것이다.

바스켓 통화 환율제는 우리나라도 1980년 3월부터 1990년 3월까지 약 10년간 시행한 적이 있다. 우리나라의 경우, 당일 환율은 고정 포뮬러에 의해 거의 자동적으로 결정되고 고시되었다. 그래서 무역업에 종사하는 사람들에게 환율 불안을 크게 안겨주지 않았다. 그래서 국제경제 전문가들은 당시 우리나라의 환율정책은 신흥국 수준에 맞게 합리적으로 운용되었다고 평하기도 하였다. 그러나 중국의 경우, 바스켓 환율제도는 표면적으로는 복수통화 연동제이지, 어떤 통화가 바스켓에 포함되는지, 통화가중치는 얼마인지, 실세 반영 장치는 여하한지 알려져 있지 않다. 마음만 먹으면 언제든지 그리고 얼마든지 정부가 개입할 수 있는 환율제도이다.

이러한 중국의 환율제도는 우리 경제에 큰 불안을 안겨줄 개연성이 많다. 당장은 위안화 절상이 우리의 수출 확대에 도움이 되겠지만 장기적으로는 어떻게 움직일지 불확실하다. 위안화 가치가 시장의 영향보다는 중국 정부의 자의적인 환율 개입의 영향을 받게 될 것이기 때문이다. 이런 상황에서 우리는 중국의 외환 보유 누적 속도, 무역흑자 추이, 물가 추세, 장단기 자본유출입 등 주요 거시변수의 움직임을 모두 주시하여 지켜보고 대비 태세를 갖추어야 한다. (『디지털타임스』, 이슈와 전망, 2010. 6. 28.)

국제 금융시장의 위력

...

지난 4월 마지막 주에 국제 신용평가 회사들은 소위 유럽의 PIIG 국가들(포르투갈, 아일랜드, 이탈리아, 그리스)의 국가 신용도를 크게 하향 조정하였다. 이들 국가들 중 특히 그리스는 재정위기의 심각성 때문에 국제적 신용평가 회사인 스탠다드앤푸어스(S&P)로부터 매우 낮은 신용등급을 받음으로써 그리스의 정부채권이 투자 부적격 등급인 정크본드 등급으로 강등되기도 하였다.

그런데 아무리 국제적 명성을 갖고 있다고 하나, 일개 민간 신용평가 회사가 독립국가의 국가신용도를 좌지우지하고 때로는 그 나라를 심각한 위기에 빠트리게 하는 것은 어떻게 보면 옳지 않은 듯하다. 이 회사들이 조금만 눈감아주면 세계가 조용할 것이라고 이들을 원망하는 사람들도 많을 것이다. 그러나 이들 평가회사의 결정 뒤에는 냉정하고 무서운 국제 금융시장의 힘이 작용하고 있는 것이다.

국내에서 정부가 자금을 조달하려면 마음만 먹으면 얼마든지

가능하다. 발권력을 동원하면 돈을 찍어서라도 자금을 마련할 수 있다. 그러나 아무리 정부라 하더라도 채권을 발행하여 남의 나라 돈을 얻어 쓰려면 국가신용도가 좋아야 한다. 정부의 경제운용 능력이 모자라 국가신용도가 낮으면 그만큼 높은 이자를 물게 함으로써 함부로 돈을 빌리지 못하게 하는 역할을 국제 금융시장의 힘이 작용하는 것이다.

물론 실제로 일국의 국가신용도를 조정할 때는 그 효과가 워낙 심각할 수 있기 때문에 국제 신용평가 회사들은 서로 정보를 교환하는 등 최대한 신중한 절차를 밟아 결론을 내린다. 만일 이들 신용평가 회사들이 상대가 정부라 하여 신용평가를 틀리게 하거나 부정확하게 하면 글로벌 금융시장 전체가 붕괴될 수 있다.

이번 그리스 금융위기는 어디까지 확대될 것이며, 우리나라는 어떤 영향을 받게 될 것인가를 생각해보지 않을 수 없는데 다행히 이번에는 그리스가 EU의 회원국으로서 유럽연합(EU), 유럽중앙은행(ECU), 그리고 IMF로부터 구제금융을 제공받음으로 국가부도 사태는 면할 수 있을 것으로 보인다. 그러나 여전히 그리스 국민은 값비싼 대가를 치르게 될 것 같다. 예컨대, 현재 GDP의 14%에 이르는 재정적자를 향후 3년간 10~11% 수준으로 축소하며, 부가가치세를 인상하여 정부의 세수를 증대할 것이며, 퇴직연령을 현행 53세에서 67세로 높여 연금제도의 안정성을 높이고, 800여 개 정부기관을 폐쇄하고 공공기관의 민영화를 더 빨리 추진할 것이라고 한다.

이번 그리스 재정위기가 진정되는 일련의 과정을 지켜보면, 역시 세상에 공짜는 없으며 현실은 냉엄하다는 사실을 느끼게 한다. 남의 나라 돈을 쓰게 되면 그 나라의 눈치를 살필 수밖에 없으며 국제 금융시장의 힘을 의식하지 않을 수 없다.

국제 금융시장에서 국가신용 등급을 결정하는 데에는 여러 가지가 있다. 당사국의 수출 추이, GDP 잠재력, 인플레 등의 기초 경제지표뿐만 아니라, 국가 원수의 지도력과 결단력, 정부 관료의 경제운용 능력이 함께 포함된다. 그래서 국가 지도자가 신실하지 못하게 비춰지고 위기관리 능력이 없게 보이면 곧바로 국가신용도는 나빠진다. 국제무대에서 고위 경제 관료의 실언과 무책임한 행동은 국가신용도를 내리게 하며, 그 때문에 국민이 지불하는 대가는 엄청나게 커지게 된다. 과격한 노조활동이 국제 TV 뉴스에 나오면 그 나라 국가신용도는 금방 내려간다.

과거와는 다르게 지금은 자본의 국제화로 전 세계가 서로 밀접하게 연결되어 있다. 국가 경제가 서로 영향을 주고받는 외부 경제 효과가 많이 작용하고 있다. 이번 그리스 재정위기가 우리에게 주는 교훈은 세상만사에 공짜는 없으며 국제 금융시장의 힘이 예상외로 엄청나다는 사실, 그리고 남의 나라 돈을 많이 쓰는 나라의 지도자와 고위관료의 책임은 막중하다는 사실이다. (「디지털타임스」, 이슈와 전망, 2010. 5. 7.)

출구전략은 이미 시작됐다

...

미국 연준 이사를 역임한 시카고 대학 크로즈너(Randall S. Kroszner) 교수는 한국을 방문, 미국의 출구전략을 설명하며 한국에 정책적 시사를 제시하였다. 그는 먼저, 출구전략에는 재정출구전략과 금융출구전략이 있음을 간과하지 말아야 한다고 조언하였다. 그의 예측에 의하면 미국은 2010년 말이나 2011년 초에 출구전략을 시행할 것이라고 한다. 이러한 예측은 3가지 기준에 근거를 둔 것이라 하였다. 장기 인플레 추이, 단기 기대 인플레, 그리고 실업률 추이였다. 이 3가지 기준 중 기대심리의 불안정성 때문에 단기 기대 인플레가 가장 다루기 힘들다고 하였다. 결국 장단기 물가 심리가 진정되고 그래서 고용이 늘어나면 그때가 출구전략을 써야 할 때라는 것이다.

그런데 우리나라의 출구전략은 어떻게 실행할 것인가? 그동안 정부는 출구전략은 아직 시기상조라는 입장을 취해왔다. 그러나 한국은행은 고물가 체제가 뿌리내리기 전에 고금리의 출구전략을 써야 한다고 끈질기게 주장해왔다.

우리나라의 경우 먼저 재정출구전략과 금융출구전략을 함께 고려해야 한다. 요즘 우리나라에서는 출구전략하면 바로 금리인상으로 간주되고 있으나 그것은 진실이 아니다. 재정지출을 감축하는 것도 매우 훌륭한 출구전략에 속한다. 그리고 또 한 가지 꼭 알아야 할 것은 정책 실시와 그 효과 사이에는 일정 기간의 시차가 있다는 사실이다. 금리인상이 실제 물가안정으로 나타나기까지 어느 정도 시간이 걸리는 데 시차를 사전에 정확히 알면 그만큼 정확한 금융출구 시점을 역산해낼 수 있기 때문이다.

금융출구전략은 선진국·신흥국 상관없이 딜레마를 초래한다. 금리인상으로 물가안정은 꾀할 수 있겠으나 고용 상황은 악화시키기 때문이다. 이에 더하여 우리나라의 경우 금리인상은 700조 원 이상의 부채를 지고 있는 가계에 심각한 타격을 줄 수 있다. 국내 기업의 부채비율도 외국보다 높기 때문에 기업의 금리 부담 증가는 기업의 국제경쟁력을 크게 훼손시킬 것은 자명한 일이다. 그리고 국내 주식의 큰 비중을 차지하고 있는 외국인 투자자들이 국가 간 단기금리 차이에 민감하게 자본이동을 시도하기 때문에 국내외 유동성 변동, 금리와 환율의 급변동을 초래한다. 그렇게 되면 그동안 우리의 경제회복 노력이 무위로 돌아간다. 이런 이유들 때문에 금리인상을 통한 금융출구전략은 전반적으로 우리나라에 매우 불리하다.

그렇다고 해서 언제까지나 출구전략을 금기시하여 마냥 시간을 보낼 수는 없다. 조만간 닥쳐올 인플레의 공격에 대비할 준비를 해야 한다. 그래서 정부는 재정지출의 증가 속도부터 줄여야 한다. 재정출구전략은 금융출구전략보다 용이하다. 불요불급한 정부지출 항목을 찾아 과감하게 지출을 정지해야 한다. 마침 정부는 재정출구전략으로 방향을 잡은 기미가 보인다.

최근 기획재정부에 따르면 한시적이나마 재정규율 장치를 도입할 것이라고 한다. 재정지출이 수반되는 정부 입법에 대한 재정영향평가를 강화하는 동시에 예비타당성조사 대상을 건설에 그치지 않고 복지, 교육, 환경 등으로 확대한 조치를 엄격히 운용하겠다고 전해진다.

만일 정부의 이런 방침이 성공한다면 향후 취해질 금리 인상분은 그만큼 낮아질 것이다. 이런 분위기 속에서 정부가 재정지출 증가율을 조금만 낮추기만 해도 효과는 크다. 우리나라의 출구전략은 이미 시작되었다고 해도 과언은 아닐 것이다. (『디지털타임스』, 이슈와 전망, 2010. 3. 26.)

학벌사회 '기여입학'의 함정

. . .

지난 2001년 7월 초 미국 서부경제학회에 논문 발표차 시카고를 경유하는 비행기를 탔다. 마침 옆자리에 40대 초쯤 보이는 한국 사람이 앉았다. 그는 요즘 한참 잘 나가는 유전자공학을 전공한 과학자인데 플로리다 주의 한 연구소에 연구팀장이 되어 간다고 자랑스럽게 자신을 소개하였다.

그러나 대화 도중 그는 한국에 대한 미련을 버리고 미국에 아주 정착할 것이라며 한국에서 있었던 억울한 일을 털어놓았다. 자신은 미국의 유수 대학원에서 게놈 연구로 박사학위를 받고 한국에 돌아왔지만 자신이 국내 지방대학 출신이라 하여 여러 가지 부당한 대우를 감수해야 하는 한국 실정에 분노와 비애를 느꼈고, 그래서 마침 좋은 기회가 생겨 아예 미국으로 이민할 생각을 하게 되었노라고 사정을 털어놓았다.

최근 일부 명문 사립대학들이 기여입학제를 주장하고 있어 입시를 앞둔 학부모들을 크게 긴장시키고 있다. 일류 대학을 졸업해야 일평생 편하게 지낼 수 있다는 것이 우리 사회에 널리 퍼져 있는 통념이다. 국공립 대학과는 달리 국고지원이 거의 없는 사립대학은 재정 상태가 매우 열악하다. 대부분의 대학은 재원을 학생들 등록금에만 의존하는 형편이다. 거기다가 근년에는 학년 초마다 학생들이 등록금 동결을 요구하며 대학 본부를 점거하는 일이 비일비재하다. 이런 상황에서 고육지책의 하나로 나온 것이 기부입학제 도입이다.

그러나 기부입학제 발상은 아직은 시기상조이다. 돈만 내면 좋은 대학 들어가고 또 학교 연줄로 사회에서 좋은 자리 차지하게 만드는 기부입학제를 일반 서민들은 받아들이기 힘들 것이다. 학부형들의 이런 심정을 대학당국이 절대 모를 리 없다. 그래서 기부금액을 아주 고액으로 설정하여 극소수에 한하여 실시하면 되지 않겠는가라고 설득조로 나올 수 있다.

하지만 기부입학제를 반대하는 주체가 학부형 말고 또 있는 것이 문제다. 지방대학을 비롯하여 명문대학에 속하지 못하는 서열 낮은 대학들이 기부입학제와 정원제 해제를 맹렬히 반대한다. 지금 현실에서 이들 대학에 고액기부금을 낼 자는 별로 없을 것이다. 그렇게 되면 학교 간의 격차는 벌어지고 등록 학생 수는 급감할 것이고, 그래서 끝내 이들 대학은 문을 닫아야 하는 지경에 이를 수 있다. 물론 경쟁의 맹신자들은 경쟁력 없는 대학은 문을 닫아도 괜찮다고 쉽게 말할 수 있겠지만 그게 그렇지 않다. 지방의 균형 발전과 지방의 특수성을 감안하여 설립된 대학인데 기부입학제를 허용함으로써 결과적으로 이들 대학을 파산시키는 것은 몰지각한 행위이다.

사립대학의 재정 상황이 어려운 것은 우리나라뿐만 아니라 선진국도 정도의 차이는 있지만 마찬가지로 어렵다. 그래서 최근에는 개도국 유학생에 눈독을 들이고 이들을 유치하려고 한다. 우리나라에서 지난 수십 년간 아무리 대학입시 방법을 바꾸어도 입시지옥이 없어지지 않는 것은 대학을 서열화해놓고 상위 2~3개 대학 졸업자만이 학연이라는 끈으로 서로를 연대하여 사회의 좋은 자리를 독점하기 때문이다. 그래서 대학을 졸업한 후 외국 대학원에서 아무리 훌륭한 연구업적을 쌓아도 지방대학 출신이나 비명문대학 출신은 국내에 돌아와도 제대로 대우를 못 받는다. 그래서 다시 외국으로 우수한 두뇌가 빠져나가는 것이다.

선진국에서도 경쟁은 매우 치열하다. 그러나 경쟁에만 의존하지는 않는다. 정부 고위직이나 대학 교수직에 소수 민족을 채용하는 할당제가 있다. 그래서 일정 자격과 실력을 갖추면 국정의 운영에 참여하는 기회를 주며, 대학교수가 되게 한다.

이와는 달리 우리나라에선 팀웍(Team work)이라는 미명하에 특정 2~3개 대학 졸업자들이 학연이라는 연줄을 이용하여 사회의 노른 자리를 거의 다 차지하려 한다. 이러한 학벌독점체제가 해체되지 않는 한 기여입학제나 입학정원 자유화는 공허한 주장일 뿐이며 오히려 지방대학과 특성 있는 기타 대학들을 죽이는 데 기여할 것이다. 우리도 선진국처럼 일정 자격을 갖추기만 하면 정부 고위직이나 대학 교수직에 20~30% 정도는 이들을 채용하는 것을 법으로 정해놓아야 기부금입학이나 정원제 폐지가 자연스럽게 뿌리를 내릴 수 있을 것이다. (『한국 경제신문』, 2001. 8.)

미국 경제학회 신년 토론회를 다녀와서

. . .

1999년 노벨 경제학상을 받은 로버트 먼델(Robert A. Mundell) 교수가 길러낸 제자 중 세계 경제학계에 가장 영향을 많이 주는 세 사람은 MIT 교수인 루디 돈부시(Rudi Dornbusch), 메릴린치 회장인 제이콥 프렌켈(Jacob Frenkel) 그리고 국제통화기금(IMF) 부총재급인 마이클 뮤사 박사이다.

먼델은 지금 컬럼비아 대학 의 원로 교수이지만 가장 정력적으로 학술 활동을 한 곳은 시카고 대학이었다. 거기서 그는 기라성같은 동료 선배교수들과 우수한 대학원생들이 열기를 뿜어내는 분위기 속에서 불후의 명작인 최적통화지대이론과 정책할당이론(Policy-mix)을 만들어냈다. 오늘날 유럽 통화 통합을 가능케 한 것이 바로 '최적통화지대론'이었으며, 그 공로를 크게 인정받아 먼델은 백발이 성성한 노년에 들어 노벨상을 받았다.

먼델 교수와 그의 제자 세 사람이 2001년 정초 미국 경제학회가 열리는 뉴올리언스 시에서 참으로 반가운 재회를 가졌다. 미국 경제학회는 먼델 교수의 노벨상 수상을 축하하는 오찬을 베풀었으며, 오찬은 곧 국제통화제도와 환율정책에 관한 토론회로 이어졌다.

주제발표는 앨런 그린스펀(Alan Greenspan) 미 연방준비제도이사회 의장의 전임자인 폴 보커(Paul Volcker), 로버트 먼델, 제이콥 프렌켈 순서로 진행되었다. 한때 미국의 통화정책뿐 아니라 전 세계를 움직였던 보커는 실제 환율 운용상의 어려움과 미래에 대한 불확실성을 토로하였다. 먼델 교수는 우리나라에 와서 강연한 바 있지만 일관되게 환율안정의 중요성을 역설하였다.

특히 실물경제의 성장을 위해 환율안정이 필요하며 그러기 위해서는 주요 선진국의 환율이 안정되어야 한다고 주장하였다. 무엇보다도 유로, 미 달러, 일본 엔화 간의 환율이 안정되어야 한다고 주장하였다. 이 같은 주장은 그의 지역통화론 및 단일통화론과 맥을 같이하고 있다.

프렌켈은 시카고 대학 교수와 이스라엘 중앙은행 총재를 역임한 경험을 토대로 두 사람의 선배 발표자 못지않게 지난 20년간 국제통화제도와 환율정책의 특징 및 향후 흐름을 진단하였다. 한편 돈부시 교수는 다른 토론장에서 개도국은 외환위기 재발을 막기 위해 국내 통화의 달러 대체(Dollarization)나 달러 본위제(Currency Board)를 택하는 것이 필요하다고 역설하였다.

결국 이들의 새해 관심사를 종합해보면 앞으로 세계 각국은 국제변동환율 체계 속에서 적지 않은 환율 변동을 겪게 될 것이 틀

림없으나 개도국 경제와 세계 경제의 안정을 위해 주요 선진국들
이 보다 적극적으로 통화협력을 해나가야 할 것이라는 것이다.

2001년 새해를 맞은 우리 경제는 앞으로 어떻게 될 것인가. 예
상대로 결국 좌초하여 가라앉을 것인지 아니면 정부 말대로 금년
1/4분기까지 구조조정 문제가 해결되어 후반기부터는 정상궤도
에 오르게 될 것인지 궁금하다. 그런데 지금은 정부의 정책공신력
이 너무 낮아서 후자를 믿는 사람들이 극히 적다는 것이 문제이다.

새해 우리 경제가 가장 경계해야 할 문제는 앞서 세계 석학들이
지적한 환율 불안정 이외에 석유가격 급등과 노사 갈등이다. 이 세
문제는 모두 쉽게 다룰 수 있는 성질이 아니다. 그래도 이 중에서
노사 갈등 문제는 국내 문제이기 때문에 정부당국이 좀 더 노력을
하면 좋은 결과가 올 수도 있다.

현재 우리나라 정책 담당자들과 일부 전문가들이 잘못 알고 있
는 것은 구조조정과 경기부양이 철저하게 상충관계에 있다는 것
인데 그게 그렇지 않다.

구조조정이란 틀과 제도를 영구적으로 바꾸는 일인 데 비하여
경기부양은 경제원론에서 나오는 일시적 경기조절 정책이다. 경기
조절 정책은 심지어 시장만능주의를 신봉하는 선진국도 대량 실
업을 구제하기 위한 경기조절 정책을 집행한다. 그러니까 구조조
정은 중장기 계획을 가지고 일관되게 추진해 나가되 필요하면 경
기부양 정책도 동시에 수행해갈 수 있어야 한다.

단기에는 효율과 형평이 서로 상충하는 듯하지만 지속적이고

안정적인 성장을 위해서는 기본적인 노동자 권익은 보호되어야 한다. 이 시점에서 우리는 지금 진행되고 있는 정부의 구조조정이 과연 무엇을 위한 누구를 위한 구조조정인가를 곱씹어보지 않을 수 없다. (『한국 경제신문』, 2001. 1.)

노벨 경제상 수상자의 '대한민국' 경제 논평

■ ■ ■

10월은 노벨상의 달이다. 올해 노벨 문학상은 폴란드 여시인인 쉼보르스카(Wislawa Szymborska)가, 그리고 의학상은 호주의 도허티(Peter C. Doherty)와 스위스의 친커나겔(Rolf M. Zinkernagel)이 공동수상하는 것으로 이미 알려졌다. 조만간에 다른 분야의 노벨상 수상자도 속속 발표될 것이다.

여러 분야의 노벨상 중에서 특별히 우리는 노벨 경제학상에 많은 관심을 가진다. 그것은 세계 경제에서 우리 경제의 비중이 빠르게 커지고 있는 사실과 무관하지 않다. 1996년 노벨 경제학상은 누구에게 돌아갈 것인지에 대해 많은 사람들이 궁금해한다. 기업 재무와 이자율 구조를 연구한 유진 파마(Eugene Fama) 교수나 거시경제학의 대가인 토머스 사전트(Thomas Sargent) 교수가 받게 되지 않을까 점치는 사람들도 많다. 이 두 사람 모두 미국 시카고 대학의 교수인데 만일 그렇게 되면 시카고 대학은 작년 루카스(Robert Lucas) 교수에 이어 또 한 사람의 노벨상 수상자를 추가로 배출하게 된다.

시카고 대학은 1976년 밀턴 프리드먼 교수가 노벨 경제학상을 받은 것을 시작으로 많은 노벨 경제학 수상자를 배출해 왔다. 프리드먼 교수 이후 사이먼(Herbert A. Simon), 슐츠(T. W. Schultz), 스티글러(George Stigler) 교수 등이 노벨 경제학상을 받았으며, 1990년대에 들어 머튼(Robert Merton), 코스(Ronald Coase), 베커(Gary Becker), 포겔(Robert Fogel), 루카스(Robert Lucas) 등 5명의 교수가 노벨 경제학상을 수상했다.

1995년 노벨 경제학상을 받은 루카스 교수가 최근 우리나라를 다녀갔다. 자신의 학문세계를 소개해주었으며, 우리나라 경제의 앞날을 위해 의미 있는 조언을 해주기도 했다.

루카스는 화폐금융과 성장이론을 연구하는 교수로서 필자의 스승이기도 하다. 루카스 교수는 합리적 기대론의 업적으로 노벨상을 탔다. 그의 학문적 업적은 거시경제학에 합리적 기대론을 접목시킨 점이었다. 합리적기대론에 의거해 그는 정부의 인위적인 경기 팽창정책은 실물경제에 별 영향을 주지 않는다는 주장을 오랫동안 해왔다. 이 같은 그의 이론적 주장은 실제 여러 나라의 경험을 통해서 증명되기도 했다. 루카스 교수가 최근 우리나라를 방문하는 동안 우리나라 경제에 대해 몇 가지 의미 있는 조언을 해주었다. 그 중 하나는 교통문제에 관한 것이었다.

우리나라 대도시 교통문제는 정말 심각하다. 특히 서울의 교통체증 문제는 날이 갈수록 악화되기만 한다. 그래서 서울시는 11월

중순부터 혼잡통행료를 부과시켜 도심지역으로의 차량을 억제하기로 했다. 차량 통행이 많은 곳에 무거운 통행료를 물림으로써 통행 혼잡을 해소하겠다는 취지는 경제학 교과서에 나오는 간단한 경제원리에 부합된다. 그러나 실제로 이 원리를 적용하는 데에는 복잡한 문제가 따라붙어서 걱정이다. 통행료 부과소를 특정 지역 몇 군데에만 설치할 것인지, 아니면 서울 도심으로 들어오는 모든 교량에 설치할 것인지, 그리고 과연 통행료를 얼마로 책정해야 차량 통행이 눈에 띄게 줄어들 것인지 등은 중요하지만 결정하기 매우 어려운 정책 문제이다.

루카스 교수도 뉴욕을 예로 들면서 시내에 들어오는 차량에 대해 일정 비용을 물리면 교통문제가 다소 해소될 것이라는 기본 원리에는 동의하면서도 한국의 적용에는 다소 회의적이었다. 미국의 대도시는 5년 전이나 지금이나 사람과 차량 수는 크게 달라지지 않았다. 그러나 우리나라는 대도시 집중 현상으로 6개월이 다르게 차량 수가 폭증하고 있는 것이 문제 해결을 어렵게 한다.

우리나라는 아직도 선진국에 비해 고속성장 국가이며 특히 자동차 산업의 급성장과 함께 엄청난 수의 새 차들이 매일 거리로 쏟아져 나오고 있다. 이런 상황에서 앞으로 1회 통과에 2천 원에서 3천 원의 통행료를 물린다고 해도 교통체증이 쉽게 해소되리라고 기대하기는 힘들다. 앞으로 월당 10~15만 원의 통행세 부담을 갖게 되는 중산층 봉급자들이 불만을 가지고 아우성치게 될 것이 분명하다. 그렇게 되면 내년 대통령선거를 남겨두고 있는 우리나라의 정치적 풍토 때문에 통행료 비용을 회사가 보조해 주는 식으로 상황이 발전될 가능성도 충분히 있다.

어쨌든 통행료 비용을 당사자가 물든 기업이 물든 통행 혼잡이 해소되어야 혼잡통행료의 목적이 달성되는 것인데 만일 그렇지 못하면 그에 따른 행정 비용도 무시하지 못하겠지만 지방정부 정책에 대한 국민 불신 비용은 금전으로 환산할 수가 없다.

우리나라에서 앞으로도 수많은 신규 차량이 거리로 계속 쏟아져 나올 것이 분명하다면 차라리 그대로 내버려둠으로써 그로 인한 교통체증 때문에 사람들이 스스로 차를 가지고 나오지 않게 하는 것이 그런대로 괜찮은 방법이 될 수도 있다.

결국 우리나라 교통 혼잡과 체증 문제는 수도권 인구집중 해소와 차량 증가세의 둔화가 동시에 따라주지 않는 한 해결되기 거의 불가능한 것으로 여겨지는 것이 안타깝기만 하다.

루카스 교수는 우리나라 경제성장의 원동력은 인적자원에서 찾아야 한다고 역설했다. 그리고 시카고 대학 교수답게 정부 기능의 축소와 행정규제의 완화가 우리 경제의 활력을 유지하는 것이라고 주장했다. 이 같은 시카고 경제학파의 주장에는 비록 정부가 우월한 정보를 가지고 있다고 하더라도 정부가 기업의 경제 행위를 구속하고 규제하는 한 정부 정책이 효과를 나타내리라는 보장이 전혀 없음을 내포하고 있다.

자원의 효율적 배분은 경제학의 기본 목표이다. 경제성장과 발전을 위해 인적자원의 배양과 공급은 매우 중요하다. 그러나 더욱 중요한 것은 훌륭한 인적자원이 효율적으로 배분될 수 있도록 사회적 제도와 관행이 조성되어 있느냐의 여부이며, 이에 따라 선진국이 되고 못 된다는 사실을 우리 모두 유념해야 한다. (『한국 경제신문』, 1996. 10.)

국가 인력정책은 '여러 줄 세우기'부터

. . .

우리나라 노동시장은 지금 매우 긴장된 분위기에 싸여 있다. 기업 측이 고임금 구조를 시정하기 위해 임금총액 동결이라는 비상수 단을 쓰기로 결정하자 노동계는 이에 반발하고 있다.

내년 임금총액을 올해 수준으로 동결한다는 것은 종업원의 감 원을 강력히 시사한다. 기업은 지금의 경제불황을 타개하고 악화 된 경영수지를 개선시키고자 임금을 동결하고 사업비를 크게 축 소하는 등 이른바 거품 제거에 주력하고 있다. 한편 노동자는 오늘 의 경제불황을 고임금 탓으로만 돌리는 것은 부당하다고 전제하 고 노동자의 직업안정을 위협하는 임금총액 동결은 즉각 중지되 어야 한다고 주장하고 있다.

그동안 우리나라는 개발도상국으로서 사람들의 관심은 주로 노 동의 양에 있었다. 남아도는 노동력을 어떻게 흡수하느냐가 노동 당국의 핵심 과제였다고 볼 수 있다.

지난 30여 년 동안 우리나라는 다른 어느 나라보다 활발한 노동이동을 경험했다. 농촌에서의 유휴노동력이 대거 도시 공업지대로 옮겨갔다. 1960년대 초에 농촌 인구는 전체 인구의 80%를 넘었으나 그런대로 좋게 평가받을 수 있다. 1979년 노벨 경제학상을 받은 루이스(Arthur Lewis) 교수는 이미 50년대 초에 유휴인력의 탈농촌을 주장했다. 어떻게 보면 우리나라는 루이스 교수의 노동이동이론을 가장 성공적으로 적용시킨 나라 중의 하나다.

그러나 이제 선진국 진입을 바로 눈앞에 두고 있는 우리나라는 유휴노동력 흡수에만 급급해할 수만은 없다. 노동의 다양성과 질을 심각하게 고려해야 할 단계에 와 있는 것이다. 세계 노동시장을 감안해보면 우리나라의 비교우위는 더 이상 단순노동에 있지 않음을 인식하게 된다.

사회주의 경제체제 실패 이후 동유럽에서 서방세계로 몰려드는 값싼 노동력과 중국의 거대한 노동시장 때문에 세계 경제의 비교우위 체계가 지금 빠른 속도로 바뀌고 있는 것이다.

이런 상황에서 우리는 단순 기술을 가진 노동인력이 아니라 고급 기술을 가진 노동인력을 배양하는 데 주력해야 하며 개별적으로 다양한 능력을 가진 고급 인력을 배출하는 데 전력해야 한다.

세계를 다녀보면 선진국일수록 노동의 기술 수준은 높고 다양성은 강하다는 사실을 우리는 보게 된다. 선진국에서는 부모가 자식의 전공 분야를 결정하는 경우가 극히 드물다. 무슨 분야이든지 자녀가 미칠 정도로 좋아하고 열을 올리는 분야라면 부모도 기뻐하고 정신적으로 적극 지지해준다. 자기가 좋아하는 분야에서 밤

낮으로 연구에 열중할 수 있으니까 노벨상 받는 학자들이 많이 배출되는 것은 오히려 당연한 일이다.

그런데 우리나라는 어떠한가? 지난 30여 년간 우리 경제는 저임금 노동력에 비교우위를 갖고 고도성장을 해왔다. 이런 과정에서 우리나라 인력정책은 주로 노동의 양적인 면에만 치중했다. 우리나라의 인력정책은 이른바 '한 줄 세우기' 선발제도로 특징 지워진다. 우리나라 수험생과 학부모들은 거의 모든 대학입시지옥을 경험해야 하고, 모든 대학 입시생들은 입시성적순으로 한 줄로 세워진다. 그러면 대학 역시 한 줄로 세워진 학생들을 성적순으로 선발해 간다. 기업이 대학 졸업생을 채용할 때도 마찬가지다. 우수 대학 출신부터 한 줄로 세우고 기업이 필요한 만큼 뽑아간다.

이러한 대학입시 중심의 선발제도는 우리나라 교육제도를 크게 왜곡시켰다. 학생들의 개별성과 다양성을 키워주는 전인교육은 설자리를 잃고 그 대신 입시교육이 모든 교육기관을 지배했다. 그 결과 우리 사회에서 창의성과 다양성은 크게 무시된 채 정서와 교양이 부족한 젊은이들만 대거 배출되어 왔다.

그러나 우리나라는 이제 선진국의 문턱에서 한계점에 이르렀다. 획일적으로 제조된 인력으로는 치열한 세계 경쟁에서 살아남기 힘들게 되었다.

선진국 경제에서는 자원의 효율적 배분을 강조한다. 우리나라는 그동안 시장기구 도입으로 물적자원과 효율적 배분에 있어서는 웬만한 개도국 수준에도 크게 못 미치고 있다.

인적자원의 비효율적 배분 문제는 정부가 나서서 해결해야 한다. 그러나 정부도 지연과 학연이라는 집단이기주의에 사로잡혀 있어 제 기능을 다하지 못하고 있다.

일선에서 발로 뛰는 기업이 경제의 한계를 제일 먼저 느끼고 그래서 지금 위기의식을 느끼고 있다. 국내 임금은 이미 높을 만큼 높아져 있으나 필요한 인력은 부족하다. 그러나 국외에는 수억 명의 새로운 노동력이 있다. 그래서 많은 우리 기업들이 국외로 빠져나가기도 한다.

지속적인 개방화와 국제화는 세계적 추세이며 우리가 나아가야 할 방향이다. 앞으로 우리나라 노동시장에 세찬 감원 바람이 불어올 것 같다. 그것은 기업이 예전처럼 정부로부터의 도움을 기대할 수 없다고 생각하고 기업 생존을 위해 냉정한 선택을 할 것이기 때문이다.

우리나라 입시 위주의 선발제도와 교육제도는 하루빨리 고쳐져야 한다. 한 줄 세우기는 여러 줄 세우기로 바뀌져야 하고 창조성과 다양성에서 우리나라도 가공할 만한 인적자원국이 되어야 한다. (『한국 경제신문』, 1996. 9.)

경제에는 공짜가 없다

．．．

미국의 시카고 대학은 세계적으로 가장 많은 노벨 경제학자를 배출하는 대학이다. 연도는 각각 다르지만 슐츠(T. W. Schultz) 교수와 베커(Gary Becker) 교수는 '인간자본론'을 연구해 노벨상을 받았고, 프리드먼 교수는 '미국의 1백 년 통화역사'를 연구해 노벨상을 따냈다. 최근에는 '합리적 기대론'으로 루카스 교수가 노벨 월계관을 썼다.

주지하는 바와 같이 노벨상은 현실과 유리된 이론을 개발한 자에게 주어지지 않는다. 획기적인 이론이어야 함은 물론 반드시 현실 문제를 치유함으로써 인류 평화에 크게 기여한 것으로 판명이 나야 한다.

필자가 1976년 봄, 시카고 대학에 유학 갔을 때 프리드먼 교수는 은퇴 준비를 하고 있었고, 그 해 겨울 노벨 경제학상을 받았다. 그는 시카고 대학의 다른 교수처럼 기업과 정부에 자문을 자주 했고 개도국 정부에도 자문과 강연을 많이 한 바 있다.

프리드먼 교수는 근본적으로 통화팽창이 인플레의 주범이며 경제안정을 위해 통화의 안정적 관리가 제일 중요하다고 주장했기 때문에 통화론자의 대가로 알려졌다.

그러나 그가 어디를 가서라도 가장 크게 강조하는 점은 '틴스타플(TINSTAFL)'이다 이것은 "There Is No Such Thing As Free Lunch" 문장에서 각 단어의 앞 글자만 모아서 만든 말이다. 우리말로 표현하면 "세상에 공짜는 없다"가 된다.

이것은 그가 독창적으로 만들어낸 것이 아니다. 오랫동안 시카고 대학에서 구전돼 온 말이다. 프리드먼 교수 이후 베커나 루카스 같은 대가들도 틴스타플을 굳게 신봉한다. 틴스타플은 모든 경제재는 희소가치를 가지며 모든 원하는 것에는 응분의 대가를 지불해야 한다는 의미를 함축하고 있다.

일반적으로 틴스타플은 경제선진국에서 잘 적용된다. 그러나 이와 대조적으로 후진국에는 공짜가 많고 눈먼 돈이 많다. 그 이유는 정경유착이 심하고 관료가 봐주기 행정을 예사로 하기 때문이다.

우리나라는 지금 과도기에 왔다. 후진국 형태를 벗어나서 선진국으로 진입하는 단계에 있다. 금융실명제와 부동산실명제가 뿌리를 내리고 있으며 정경유착의 검은 고리가 단절되고 있다. 그러나 아직은 그 잔재가 남아 있다. 김영삼 정부가 들어선 후, 재벌기업의 문어발식 확장과 소유 집중이 경제개혁의 대상이 돼왔다. 과거보다 엄격해진 공정거래법과 노동자의 급격한 처우개선 요구 때문에 대기업의 투자 의욕은 최근에 크게 감퇴됐다.

기업 의욕의 감퇴는 결국 부진한 경제성장을 초래한다. 최근의 고임금·고지가·고금리의 3고현상은 기업의 대외 경쟁력을 크게 약화시켰다. 생필품 가격과 공공 서비스 요금은 계속 오르고 있으며, 엔저와 원고 때문에 무역적자는 계속 쌓이고 있어서 우리 경제는 이제 고비용과 저효율의 상징이 돼버렸다.

저효율은 노력을 해도 별 효과가 없는 경우를 가리킨다. 저효율 문제는 기업에만 국한돼 있지 않다. 우리나라 사회 전반에 걸쳐 저효율이 존재한다. 저효율 현상의 배경에는 총체적 불신이 깔려 있다. 정부는 기업의 목소리에 귀를 기울이지 않고 기업은 정부를 불신한다. 또 기업은 노동자를 불신하고 노동자는 기업을 탐욕적인 존재로 치부한다. 개인별로는 제몫 이상 찾기(Rent Seeking)에 급급하고 단체는 집단이기주의에 사로잡혀 있다. 이래서는 우리 경제가 더 이상 앞으로 나아갈 수 없다.

경제에는 공짜가 없듯이 경제는 사람들이 정직해야 정상적으로 돌아간다. 경제 주체들이 정직해야 총체적 불신이 해소된다는 말이다. 술렁이는 민심을 수습하고 경제에 활력을 불어넣기 위해 김 대통령은 지난 8일 개각을 단행했다. 이번 개각 때 경제팀을 중심으로 5개 부처 장관이 경질됐다. 특히 경제부총리와 경제수석이 교체됐다. 이번 개각은 국민에게 일단 긍정적인 조치로 받아들여지고 있다.

그러나 새 경제팀에 너무 큰 기대를 걸어서는 곤란하다. 늘 그렇듯 또 한번 허탈감을 맛보기 십상이기 때문이다. 다행이 이번 새

경제팀은 현장에서 발로 뛰면서 정책을 펴나갈 것이라 했다. 그러나 우리 사회의 곳곳에 만연돼 있는 저효율 현상을 정부 힘만으로 제거할 수 없다. 기업가와 노동자가 공동으로 노력해야 골 깊은 사회 불신 문제를 풀어갈 수 있다.

경제에 공짜가 없다는 사실은 기업이 제일 먼저 절감하게 된다. 우리나라 기업은 과거 저지른 정경유착에 대해 엄청난 대가를 지불했다. 앞으로 무한 경쟁시대에 살아남기 위해서 우리 기업은 기술개발은 물론이고 특히 노사 간 불협화음 문제를 극복해야 한다. 사용자와 노동자는 무엇보다도 상호 시각의 차를 좁혀야 한다. 우리의 임금 수준은 이제 웬만한 선진국의 수준에 와 있다는 사실을 노동자는 인정해야 한다. 그리고 기업가는 노동자의 권익신장을 인정하며 임금상승을 노동생산성 향상으로 연결시켜 나가야 한다.

노사 간의 화합 없이는 이제 우리 경제는 살아남을 수 없다. 사용자는 노동자에게 정직하고, 노동자는 사용자에게 정직해야 노사 간 신뢰가 구축된다.

사회 전반에 걸쳐 만연된 불신풍조를 없애기 위해 정부도 할 일이 많다. 먼저 노동당국은 사용자와 노동자 사이에서 공정하고 정직한 '레퍼리'가 돼야 한다. 지금 우리나라 형편상 정부의 또 다른 시행착오는 그 기회비용이 너무나 엄청나다. 경제에는 공짜가 없다는 사실을 기업과 정부가 아무리 강조해도 지나침이 없음을 다시 한 번 기억하자. (『한국 경제신문』, 1996. 8.)

'깁슨의 모순'―통화관리의 바람직한 운용

...

지난 4월 시중 실세금리가 10.46%로 근년 들어 최저 수준이 되었다가 7월 말에는 12%를 넘어섰다. 단기금리인 콜금리도 연 18%까지 올랐다. 이 같은 금리 급등은 기업의 목을 누르기에 충분하다. 기업들은 금리를 내려달라고 아우성치고 정부는 대책 마련에 부심하는 것이 지금의 실정이다.

금리를 어떻게 하면 내릴 수 있을까? 시장경제의 원리대로 통화량을 확대해 자금 공급을 늘리면 자금의 가격인 금리가 내려갈 것 아니냐고 생각하는 사람이 많을 것이다.

그러나 실제로는 생각처럼 그렇게 잘되지 않는다. 통화량이 증가하면 금리가 오히려 올라가는 경우가 많은데 우리나라가 바로 그 경우에 해당한다. 우리나라의 금융당국인 재정경제원과 한국은행의 고민이 바로 여기에 있다.

이런 현상은 이미 1960년대 말에 미국의 깁슨(A. H. Gibson)이란 학자가 발견하고 설명했다. 통화량이 늘면 수량 효과에 의해 금방 금리가 하락하지만 통화량 증대로 인한 인플레 효과 때문에 시중 금융기관에서 적용하는 명목금리는 올라간다고 했으며, 이런 현상을 '깁슨의 모순(Gibbson's paradox)'이라고 부르기도 한다.

우리나라에서 깁슨의 기현상이 일어나는 데는 몇 가지 이유가 있다.

첫째, 과거 금융기관의 금리가 철저히 규제되어 있는 상황에서 자연히 사채시장 금리가 시중 자금의 경색 여부를 결정하는 척도가 되었다. 따라서 통화량 공급과 시장 금리의 관계가 매우 불안정했다.

둘째, 자금 공급자의 입장에서 보면 통화량이 증가하면 사람들의 인플레 기대심리가 작동해 자금 공급자는 인플레를 보상받기 위해 높은 금리를 요구하는 경향이 있다.

셋째, 자금 수요자의 입장에서 보면 통화량이 증가한 후 물가가 오르면 실질구매력이 그만큼 떨어지므로 일정량의 구매를 가능케 하기 위해서는 더 많은 자금이 필요하게 된다.

우리나라는 아직도 높은 성장률을 유지하는 나라이며 그만큼 국내 투자에 대한 수익률이 높기 때문에 우리보다 성장률이 낮은 나라보다 국내 금리가 높다. 특히 부동산에 대한 예상수익률이 높기 때문에 은행 자금에 대한 수요는 항상 초과수요 상태에 있다. 그래서 금리가 내려오기 어렵다.

금융 선진국의 경우 통화가 새로 창출되어 금융기관을 떠나면 통화관을 통해 산업현장에 필요한 만큼 공급되고 환수되기도 한다. 그래서 금리와 통화량과의 관계가 비교적 안정적이며 예측 가능하다.

그러나 우리나라의 경우 통화관에 구멍이 나 있거나 아예 끊겨 있는 곳이 많아서 통화가 일단 금융기관을 떠나면 되돌아오는 경우가 적다. 금융산업의 하부구조에 결함이 많기 때문에 통화량 조절에 의한 금리정책이 우리나라에서는 어렵다.

자금의 흐름을 투명하고 원활하게 하도록 하기 위해 1993년 8월 금융실명제가 전격적으로 실시됐다. 그리고 대출금리부터 시작하여 예금금리까지도 자유화 일정에 맞추어 대폭 자유화되었다. 그러나 아직도 통화 공급의 하부구조가 완전히 정상적으로 회복되지는 않았다. 억지로 낮은 수준에 있던 규제금리를 자유화하면 처음에는 조금 오르다가 곧 하락할 것이라는 게 금융당국의 원래 생각이었다. 그러나 실제로는 금리가 자유화된 이후 금리는 줄곧 높기만 했다.

이런 상황 속에서 통화량 중심의 통화관리인가를 놓고 최근 재경원과 한은이 서로 입장을 조금 달리하고 있음은 여러 가지 시사점을 던져준다.

재경원은 최근 오르고 있는 금리를 하향유도하기 위해서 통화량의 추가 공급을 내비치고 있으나 통화가치의 안정을 맡고 있는 한은의 입장은 다르다. 우리 경제가 지금 4~5%의 안정적 인플레를 유지하는 것도 통화량 중심의 통화량에 손을 대기 시작하면 곧 물가 불안을 가져오고 금리도 내려가지 않고 오히려 올라갈 것으로 한은은 우려하는 것이다.

금리가 자유화되고 금융시장이 개방됨에 따라 기존 통화량 중심의 통화관리보다는 금리 중심의 통화관리로 옮겨가는 것이 올바른 정책 방향임에 틀림없다. 이런 점에서는 재정경제원이나 한국은행도 같은 생각일 것이다. 다만 그 시점을 놓고 두 기관은 다른 생각을 가지고 있다. 재정경제원은 지금부터라도 통화량 중심에서 금리 중심으로 통화관리 방식을 바꾸자는 입장이다.

그러나 실제에 있어서는 선진국도 통화량과 금리 모두를 주요 지표로 삼고 있다. 왜냐하면 어느 한쪽만으로는 완벽한 지표가 되지 못하기 때문이다. 우리나라는 지금 금리 자유화가 아직 정착되지 않았고 또 금융 하부구조의 결함이 완전히 고쳐지지 않았기 때문에 통화량이든 금리든 어느 한 지표에만 매달리기보다는 당분간 통화당국은 두 개 모두를 유심히 살펴볼 필요가 있다.

앞으로 통화당국이 중점적으로 해결해야 할 또 다른 과제가 있다. 금융시장의 개방과 금리자유화를 지속적으로 추진하는 과정에서 신용 등급에 따른 금리 차등화를 정착시켜야 한다.

우리도 선진국처럼 신용 등급이 높은 우량기업엔 낮은 금리가 적용되고 기업 대출금리가 소비자 금리보다 낮아야 한다는 데 사회적 합의가 이루어져야 한다. 동시에 무주택자의 주택 구입을 위해 낮은 금리의 주택금융자금이 확보되어야 한다. 이렇게 되면 우리나라의 고질적인 자금 경색 문제가 크게 완화될 것이다. (『한국 경제신문』, 1996. 8.)

범죄예방 경제학

. . .

최근에 지존파와 온보현의 엽기적 살인행각 때문에 많은 사람들이 불안해하고 있는 한편 이 같은 흉악범죄의 예방을 위해 정부는 전전긍긍하고 있다.

범죄예방과 관련해 1992년 노벨 경제학상을 수상한 시카고 대학의 베커(Gary Becker) 교수의 탁월한 연구업적은 새삼 되새겨볼 만하다. 베커 교수는 기존 경제학의 연구 분야를 크게 넓힌 업적으로 노벨상을 탔다. 그는 결혼시장이라는 개념을 처음으로 도입했고, 심지어는 종교 행위의 경제적 동기를 밝혀내기도 했다. 베커 교수에 의하면 남녀가 무조건 좋아서 결혼하는 경우도 있지만 대개의 경우 결혼적령기의 남녀가 서로 데이트하는 중에 같이 결혼해서 두 사람이 금전소득과 심리적 효용의 합이 가장 크게 되는 사람끼리 짝을 짓는다는 것이다.

이밖에 범죄행위에 대한 베커 교수의 업적은 더욱 두드러진다. 사실 범죄행위는 범법자의 비합리적인 행동을 전제로 한다고 해서 기존의 경제학 범주에는 들어 있지 않았다. 그러나 베커 교수의 견해는 달랐다. 물론 우발적인 범죄행위도 전혀 배제할 수는 없지만 범죄자도 나름대로 사전에 이해득실을 합리적으로 따진다는 것이다. 범죄자는 행동 개시에 앞서 체포될 확률을 따져보고 또 체포될 경우 감당해야 할 금전적 손실과 물리적 형벌을 따져본다고 베커 교수는 주장한다.

지난 추석날 지존파의 엽기적 살인사건 뉴스를 듣고 많은 사람들이 공포에 떨었다. 또 이렇게까지 험악해진 사회 분위기를 개탄했다. 그리고 정부당국은 시민들로부터 크나큰 불신과 원망을 사기도 했다. 한편 이들의 흉악한 범죄행위의 원인을 규명하는 데 있어 다양한 이유들이 제시되었다. 사회의 물질만능주의와 인간경시 풍조가 지적되었고 범인들의 불우한 가정환경도 거론되었다. 또 심지어는 날 때부터 타고난 범죄 유발형 유전인자가 원인으로 꼽히기도 했다.

그러나 이런 지적 사항들은 범인의 범행동기를 일부 설명할 수 있을지 모르나 범죄예방을 위해서는 그리 큰 도움을 주지 못한다. 오히려 문제의 핵심을 비껴감으로 해서 사람들이 앞으로도 대비책을 마련하는 데 소홀하게 할 수 있다. 사실 물질만능주의 풍조와 윤리도덕의 타락은 수천 년 전 인류문명이 시작될 때부터 이미 있었다. 인간의 물질문명이 발달할수록 물질만능주의는 앞으로 더욱 기승을 부릴 것으로 보는 것이 우리가 대책을 마련하는 데 유리하게 작용할 것이다.

불우한 가정환경에서 자란 사람이 흉악범죄를 저지를 수 있다는 사실이 공공연하게 거론되는 것은 매우 유감스러운 일이다. 물론 불우한 환경에 처해 있는 사람이 그렇지 않은 사람보다 범죄인이 될 수 있는 확률이 더 높다는 이론적 가설은 성립한다. 그러나 이론적 가설 때문에 못 배우고 가난한 사람과 결손가정에서 자란 사람을 모두 잠재적인 범죄인으로 취급하는 것은 위험천만한 일이다. 왜냐하면 그로 인해 고조되는 계층 간의 갈등과 사회적 긴장감은 금방 위험수위를 넘어설 수 있기 때문이다. 사실 정상적으로 자란 사람이라도 붙잡히지만 않는다면 그리고 붙잡혀봐야 별로 손해될 것이 없다면 언제든지 범행동기를 가진다고 보는 것이 베커 교수의 이론에도 부합된다.

우리 사회도 선진국이 이미 겪었듯이 빠른 속도로 산업사회화되고 있다. 특히 우리나라는 자동차 보유의 급속한 팽창과 관련하여 예기치 않은 각종 부작용과 문제점들이 터져 나오기도 한다. 특히 최근에는 자동차가 급속하게 보급됨에 따라 범인들의 기동력이 경찰 기동력을 앞질러가는 것이 심각한 문제로 지적되고 있다. 범인들의 계산으로는 체포될 확률이 극히 미미하니까 범죄동기가 유발되고, 또 증거인멸을 위해서 범죄행위는 더욱 과감해지고 포악해지는 것이다.

정부의 예산이란 항상 부족한 것이고 특히 민생치안을 위한 예산지원은 턱없이 모자란다는 사실은 잘 알려져 있다. 그러나 무고한 시민이 백주에 납치되고 살해되어서는 정부의 존재가치에 심각한 의문이 제기될 것이다. 그러므로 경찰당국도 예산 부족만 탓할 것이 아니다. 지금부터라도 민생치안에 보다 높은 정책적 우선순위를 두어야 할 것이다. 그래서 범인 체포를 위해 첨단 장비를 확보하고 과학적 수사기법을 동원하는 등 더 한층 노력을 경주해야 한다.

한편 범죄예방을 위해 시민들도 해야 할 일이 많다. 물질만능주의와 인간경시 풍조를 개탄만 할 것이 아니라 자신과 가족의 안전을 위해 대비를 해야 한다. 또 국제화와 개방화의 물결을 타고 앞으로 우리나라에 세계 각지의 많은 사람들이 들락거릴 것이다. 따라서 각종 인명살상 사건들이 앞으로도 꼬리를 물 것이다. 그런 환경 가운데서도 우리는 자신을 보호하는 생활의 지혜를 갖추어야 한다.

인심이 좋다는 선진국에서조차 자동차로 데이트하는 사람들은 인적이 드문 곳을 피한다는 것과 주행 중 갑자기 누가 차를 세워도 함부로 차 밖으로 내리지 않는 것이 이미 생활화되어 있음을 우리는 알아야 한다. 정부당국의 노력과 아울러 시민들도 자신의 안전을 위해 새로운 각오와 각별한 주의를 기울여야 할 것이다.

(『한국 경제신문』, 1994. 11.)

미국·독일 중앙은행 총재의 조언

. . .

1994년 7월 미국과 독일은 전 중앙은행 총재가 우리나라에 다녀갔다. 이들은 한국은행이 주최한 금융 심포지엄에 참가해 우리나라 금융산업 발전을 위해 유익한 조언을 했다.

뉴욕연방은행 총재를 역임했던 코리건(Gerald Corrigan) 씨는 신용과 경쟁력에 바탕을 둔 효율적 금융제도를 구축해야 한다고 역설했다. 단기금융시장·자본시장·외환시장 및 국채시장 등 소위 금융산업의 하부구조를 확충할 것을 권고했다.

한편 독일연방은행 총재였던 슐레징거 씨는 중앙은행의 독립성을 강조했다. 어느 나라든지 중앙은행이 정치권으로부터 중립을 지킬 수 있어야 선거에 따른 통화남발을 막을 수 있다는 것이다. 그러나 그는 또 중앙은행도 결국 정부의 일부분으로 재무부와 긴밀한 업무협조를 해야 한다고 했다.

풍부한 실제경험과 경륜을 소유한 두 전임총재의 주장은 우리에게 시사하는 바가 매우 크다고 하겠다. 선진국경제의 문턱에 선

우리가 금융산업발전을 위해 나아가야 할 방향은 결국 금융개방화 및 국제화 그리고 중앙은행의 독립성 보장이라는 사실을 우리는 이들을 통해 재확인할 수 있었다. 이러한 금융정책의 목표와 과제를 놓고 볼 때 우리나라 금융의 현주소는 과연 어디에 있는 것일까.

지난 몇 년 동안 우리나라 금융제도와 정책은 많은 변화를 겪어왔다. 우선 1993년 8월에 금융실명제가 전격적으로 실시되었다. 금융실명제는 자금의 흐름을 투명하게 하면서 통화관리를 그만큼 용이하게 한다. 특히 금융실명제는 정치자금의 수수 금지가 선포된 후 몇 달 안 되어 실시됨으로써 지하경제 규모를 줄이는 데 크게 기여했다. 또한 금융당국은 금리자유화와 금융기관 인사자율화를 꾸준히 강조해 왔다. 전에는 은행 금리가 낮은 수준에 묶인 채 자금이 정책적으로 배분되다시피 했다. 사실 금리자유화와 금융자율화는 금융의 완전개방에 앞서 충족되어야 할 필수조건이다. 그동안 중앙은행 독립에 관한 논의는 우리나라에서도 많이 있어왔다.

총론 차원에서 정치권·학계·정부 모두 중앙은행의 정치적 중립을 반대하지 않았다. 그러나 각론 차원에서는 각자의 배경과 입장에 따라 의견이 분분했다. 불행히도 우리나라의 경우 한국은행 독립에 관한 논쟁은 편 가르기로 발전되었다. 재무부와 한국은행 간에 협조 관계보다 본의 아니게 대결 관계가 더 두드러지기도 했다.

우리나라의 금융제도와 금융시장 개방도는 아직도 선진국 수준에 크게 모자란다. 그러나 금융선진화를 향한 과도기의 통화관리는 여전히 정부의 중요한 정책과제가 된다.

지난 8월부터는 통화긴축으로 자금 사정이 상당히 나빠졌다. 50여 년 만에 발생한 최악의 가뭄으로 농산물 값이 급등하여 연초에 세운 물가 목표를 달성하기 힘들 것이라 한다. 그래서 통화를 죄어서라도 물가를 잡으려는 것이 정부방침인 것 같다. 그런데 개방경제체제에서는 물가와 통화량을 정부가 마음먹은 대로 조절할 수 없게 되어 있다. 통화는 실물경제가 원만하게 돌아가도록 적절한 양만 공급되면 된다. 그러나 연초에 세운 목표달성에 급급하여 통화관리를 무리하게 실행하면 정부 스스로가 실물경제를 망칠 수 있다.

중앙은행이 정부와 정치로부터 독립하는 것이 중요한 과제이지만 실물경제 중심으로 소신을 가지고 통화를 신축적으로 운용하는 것도 매우 중요한 과제이다. 선진국형의 통화관리는 간접통화규제방식이라야 한다는 주장이 지난 몇 년간 국내외적으로 있어 왔다. 최근에 세계은행과 국제통화기금도 우리에게 간접통화규제방식을 권고한 적이 있다.

그러나 우리나라는 아직도 금리가 완전히 자유화되어 있지 않고 장단기 채권시장과 외환시장이 제대로 발달되어 있지 않아서 간접외환규제를 제대로 실시하지 못하고 있다. 그동안 우리나라 통화관리는 직접통화규제로서 통화당국이 통화 공급의 목표한도를 정해놓고 자금을 배분하는 식으로 시중 은행의 창구를 직접적으로 통제해오다시피 했다. 그러나 간접통화규제는 그렇지 않다. 간접통화규제는 우선 시장 기능을 이용한다. 민간 수요에 부응하는 통화량 수준을 유지하기 위해 통화당국은 시중 은행의 여신 기능을 직접 통제하지 않는다. 대신 통화당국은 공개시장조작, 재할인율, 지불준비율 등의 간접통화 수단을 이용함으로써 시중 통화량을 적정 수준에 유지하고자 한다.

실물시장을 지표로 볼 때 우리의 금융시장이 아직 완전 개방되어 있지 않다. 하지만 예전처럼 통화당국이 환율을 표적 대상으로 삼을 것이 아니라 실물시장과 금융시장의 상황을 알려주는 신호 지표로 삼는 것이 필요하다. 통화당국이 재무부가 되든 중앙은행이 되든 간에 변화는 국내외 금융 환경에 신속하게 적응할 수 있어야 한다. 그리고 통화당국은 언론의 뒤만 따라가는 통화정책이 아니라 언론을 앞지르는 통화정책을 펴야 한다.

중앙은행의 권위는 법제정으로만 보장되지 않는다. 당대 최고의 실력과 경륜을 갖춘 금융전문가들이 양심과 소신을 가지고 금융정책에 제도적으로 관여할 때 비로소 중앙은행의 권위가 회복되고 또 정치권으로부터의 진정한 중립도 지킬 수 있게 될 것이다.

(『한국 경제신문』, 1994. 9.)

사립대학 재정의 고질은 정부가 함께 풀어야

. . .

입시부정 사건이 근년에 들어 거의 연례행사처럼 터지는 것 같아 대학에서 가르치는 한 사람으로 매우 곤혹스럽다. 입시부정의 내용도 다양하고 또 지능적이어서 사전에 저지하기도 힘들고 사후에라도 잘 밝혀내기 힘든 형편이다. 재단이사장이 연루가 되기도 하고 또 교직원과 입시 브로커가 서로 짜고 컴퓨터 조작을 통해 부정입학을 시도한 경우도 있었다.

지난 몇 년간 대학입시 부정 사건이 터질 때마다 대응방안이라고 정부가 내놓은 것이 기부금입학제였는데 이것 또한 반대가 많아 말만 꺼냈다가 조금만 지나면 흐지부지된 것이 그간의 형편이었다.

올해도 광운대 입시부정 사건이 터지면서 나온 정부의 대처방안이 기부금입학제 실시였다. 그런데 기부금입학제 말만 나오면 필자의 가슴은 답답하기만 하다. 그 이유는 대학에 몸담고 있는 사람이기 때문에 그렇고 또 얼마 안 있어 학부형의 입장에 서게 될 이유 때문이다.

필자의 생각으로는 기부금입학제는 대학재정에 별 도움이 되지도 않을 뿐 아니라 공정한 경쟁을 전제로 하는 시장경제원칙에도 부합하지 않다. 뿐만 아니라 온 국민을 배금주의에 물들게 하고 따라서 우리 사회와 나라를 부패하게 할 것이라고 본다.

혹자는 미국과 같은 선진국에서는 기부금입학제가 잘 운영되고 있다고 할는지 모른다. 그러나 미국 사회에서는 우리나라처럼 학연이라는 연줄, 그것도 국내 어느 대학을 나왔느냐는 연줄을 가지고 국내 좋은 자리와 좋은 것을 서로 나누어가지는 악습은 없다. 미국 사회는 능력에 따라 대우를 하고 또 일의 난이도에 따라 차별보상을 해주는 사회이기 때문에 기부금입학제가 큰 사회적 저항 없이 정착되었다고 할 수 있다.

한편, 같은 선진국인 영국, 프랑스, 독일 같은 유럽 국가에서는 대학은 거의 모두 국립대학으로 국가가 운영하고 있어서 우리나라와 같은 입시전쟁과 입시부정은 없다는 사실도 함께 지적되어야 한다.

우리나라에서 출세하려면 줄이 있어야 한다고 믿는 사람이 많다. 그래서 학연, 혈연, 지연을 걸어 줄을 대려고 동분서주하는 사람이 많다.

특히 학연의 폐해는 상상을 초월할 정도로 엄청난데 많은 사람들이 그 사실을 모르고 있는 것이 문제다. 청소년 때 대학 한번 잘 들어가면 평생을 편하게 지낼 수 있다는 생각이 팽배하다. 대학에서 얼마나 많은 지식과 정보를 습득하여 졸업 후 얼마나 능력을 발휘할 수 있느냐가 중요한데 아직까지는 국내 어느 대학을 다녔느냐가 더 중요하다. 생면부지의 사람이라도 초면에 같은 학교에 다녔다는 사실을 알게 되면 금방 가까워지고 사회적 혜택을 서로 잘 나누기도 한다.

이런 상황에서 일반 시민들의 대학입학에 대한 집념을 그 누가 감히 말릴 수 있겠는가? 그래서 입시과외에서 입시 문제를 족집게처럼 잘 맞히는 유능한 과외교사라고 하면 그에게 학부형은 고액 과외비를 지불하는 데에 절대로 인색하지 않는 것이고, 그래서 입시 브로커의 꼬임에도 쉽게 넘어가기도 하는 것이다. 일류대학에 많은 학생을 보내는 고등학교가 많은 지역에 집값과 아파트 값이 터무니없이 높게 책정되어 있는 것도 일류대학 졸업장에 대한 열망이 그만큼 높다는 사실을 반영한다. 그래서 크고 작은 입시부정의 개연성은 항상 있는 것이다.

이런 마당에 기부금입학제도를 허용하면 가진 자와 못 가진 자와의 차는 더욱 벌어지고 민심은 크게 동요할 것이다. 그리고 기부금입학제 허용은 일부가 생각하는 대로 사립학교 재정에 도움이 되지도 않고 오히려 기존의 재정문제를 더욱 악화시킬 수도 있다. 지금 대부분의 사립대학이 재정문제를 안고 있는 것이 사실이다. 또 같은 사립대학이라도 우열순위가 매겨져 있는 것이 사실이다. 그런데 만일 기부금입학제가 공식적으로 허용되면 돈 가진 학부형들은 몇 안 되는 소위 일류 사립대학에 몰려와 돈이 얼마나 들어도 좋다는 생각을 가지고 원하는 대학에 자녀들을 입학시키고자 할 것이다. 어차피 우리나라 대학은 한번 입학하면 졸업은 할 수 있다는 사고방식 때문에 지금의 문제는 더욱 풀기 어렵게 되어 있다. 그 결과 소위 2~3류에 속하는 사립대학은 더욱 처지게 되고 그래서 학교 간의 격차는 더욱 커지게 될 것이 뻔하다.

그동안 음성적으로 신입생과 편입학생을 뽑을 때 어느 학교 어느 학과는 어느 정도 액수의 돈을 내야 한다는 소문이 나돌았는데 최근 입시부정으로 문제가 된 학교에서 검찰이 조사한 결과 그 소문이 사실로 나타나기도 했다.

그동안 기부금 입학이 음성적으로 비공개로 행해져 왔기 때문에 그나마 몇 천만 원, 몇 억 원대에서 기부금이 결정되었겠지만, 만일 얼마 안 되는 기부금 입학 자리를 놓고 공개적으로 입찰을 붙이게 되면, 외국 영화에서 보듯이 허술한 골동품도 굉장한 고가에 팔리는데 하물며 우리나라 일류대학 인기학과의 경우 엄청난 프리미엄을 내야 입학 티켓을 살 수 있을 것이다.

그렇게 되면 해당되는 일류 사립학교는 더 많은 돈을 벌려고 기부금 할당을 정부로부터 더 받아내고자 대정부 로비에 온 전력을 쏟을 것이고, 졸업생과 재학생의 불만은 하늘을 찌르고도 남을 것이다.

그러니까 기부금입학제의 유일한 장점은 사립대학의 재정에 도움이 된다는 것인데 몇 학교를 제외하고는 사립대학의 재정이 오히려 악화될 위험이 있다는 사실이 크게 강조되어야 할 것이다.

그리고 그간의 입시부정은 사립학교의 재정문제가 해결되어도 여전히 존재할 성질의 것이라 본다. 왜냐하면 우리 사회에서 대학을 졸업해서 얼마나 능력이 있느냐가 아니라 국내 어느 학교를 졸업했느냐에 따라 차별적 혜택이 주어지는 이상 대학 졸업장을 쟁취하기 위해선 수단 방법을 가리지 않을 노력이 늘 있을 것이기 때문이다. 그래서 입시부정은 단시일 내에 그 뿌리를 뽑을 수 없다.

지금과 같은 상황에서, 우리는 입시부정의 문제와 대학재정의 결핍문제를 무조건 동일시하는 것보다는 하나하나씩 떼어서 분석해볼 필요가 있다. 우선 입시부정의 근본 원인이 무엇인지 밝혀보아야 한다. 즉, 고등학교 졸업자에 비해서 대학 졸업자들이 누리는 부당한 혜택이 무엇인지 밝혀서 그 문제를 시정시켜 나가야 할 것이다.

사립학교의 재정문제를 푸는 데 굳이 기부금입학제가 아니더라도 다른 여러 방법이 있다. 우선 학교를 맡아 운영하는 재단이 일차적으로 돈을 내놓아야 한다. 처음에 학교를 맡을 때, 돈은 벌었고 해서 사회에 환원시키고자 대학을 인수하였으면 응당 일정분의 돈을 내놓아야 한다. 만일 그동안에 따로 하는 개인 사업이 여의치 못해 대학에 돈을 내놓지 못하게 되면 다른 능력 있고 사심 없이 인재교육에만 열의가 있는 자에게 대학운영권을 흔쾌히 넘겨주어야 한다. 들리는 말에 의하면 교육사업을 무슨 기업을 하는 것처럼 퇴진할 때에 그동안 투자한 금액 이상의 프리미엄을 새로 인수하는 자로부터 받지 않고서는 순순히 물러나지 않는다고 하는데 그게 사실이라면 그것부터 고쳐야 할 것이다.

그리고 사립학교 재정문제는 아무리 사학이라도 국가적 인재를 양성하는 곳이기 때문에 일정 비율만큼은 국가가 부담해야 함이 마땅하다. 처음에는 정부예산 문제도 있고 하니까 비율을 좀 낮게 책정하더라도 점차적으로 그 비율을 높여가야 한다. 정부로서 일정한 세수를 가지고 쓸 데가 많겠지만 그러나 사립대학을 지금 상태로 더 이상 방치할 수는 없다.

또한 교육을 받는 학생들도 수익자 부담의 원칙에 따라 적정 액수만큼의 등록금을 낼 각오가 되어 있어야 한다. 오랫동안 쌓여온 재정문제를 갑자기 정부와 재단에게만 전가시키고 등록금의 무조건 동결이나 물가 인상분만큼도 안 되는 등록금 인상에 반대만 해 가지고는 지금의 사학 재정문제를 풀 수가 없을 것이다. 그러므로 학생들의 냉정한 사려도 문제 해결의 열쇠가 되는 것이다. (『한국 경제신문』, 1993. 2.)

최고조에 이른 글로벌 불확실성 시대,
한국 경제의 정상화 방안

■ ■ ■

1. 서론

세계 역사상 지금 우리는 경제 불확실성이 최고조에 이른 시대에 살고 있다. 세계 경제를 이끌어가는 미국 정부가 지난 10월 1일 가동을 멈추었다. 그 후 10일이 지났지만 언제 미국 정부가 재가동될지 알 수 없다. 남유럽 5개국, 그리스, 포르투갈, 스페인, 이탈리아, 아일랜드가 재정파탄으로 실업률이 평균 30%에 이르렀지만 아직 그들의 경제가 언제 정상적으로 돌아올지 알 수 없다.

우선 미국 경제가 살아야 세계 경제가 산다는 전제하에 미국은 양적완화(Quantitative Easing)정책으로 달러를 무한정 찍어냈지만 경제가 미처 회복되기 전, 공화당과 민주당 간의 합의가 무산되어 미국 정부는 당분간 폐쇄됨으로써 이것이 미국 경제에 그리고 세계 경제에 어떤 충격을 줄지 잘 알 수 없다. 일본도 지난 20년간 저성장과 실업으로 재정이 거덜이 났으며, 거기서 벗어나려고 미국이 한 것처럼 엔화를 무진장 찍어내는 일본식 양적완화를 실시하고 있다.

우리나라도 2000년대에 들어서서 경제가 동력을 잃었으며 저성장 고실업 현상이 계속되고 있다. 2013년 박근혜 정부가 들어서서 여러 가지 야심찬 정책을 펴고자 하나, 경제 사안에 있어 거의 모두, 여당과 야당이 서로 견해를 달리하고 있어 민생경제를 살릴 법안 통과가 지연되고 있다. 이러다 보니 우리 경제가 지금 정상적으로 작동될 수가 없다. 앞으로도 이런 식으로 계속 남은 4년을 보내게 되면 우리 경제는 침몰할 수밖에 없다.

이런 상황에서, 여야 대립만 원망하고 우리 경제가 그대로 가라앉을 수 없다. 재정정책 추진이 현 상황에서 여의치 않으면 금융정책에 더 의존할 수밖에 없다. 그러나 금융정책 추진도 만만치 않다. 태생적으로 불안한 달러 중심의 국제통화제도 하에서 글로벌 제로 금리, 불안한 환율변동, 그리고 무엇보다도 절정에 달한 글로벌 불확실성 시대를 당면하고 있는 우리나라가 막연히 자유시장경제가 모든 경제문제를 해결해줄 것으로 믿고 손을 놓고 있으면 우리는 냉엄한 세계 경제 속에서 미아가 될 뿐이다. 불확실성과 싸우려면 한편으로는 시장 기능에 기대면서 또 한편으로는 정부가 개입하는 스마트한 정부의 역할이 필요하다.

이런 맥락에서, 앞으로 남은 4년 동안 국정의 성패 여부를 책임질 여당의 역할이 중차대하다. 여당이 야당의 협력을 얻어내는 것도 중요하지만 협력을 못 얻어내더라도 경제는 정상적으로 굴러가도록 시스템을 만들어놓는 것이 필요하다.

2. 최고조에 이른 글로벌 불확실성 시대

1) 흔들리는 자유시장 자본주의

자유시장 자본주의의 개념적 정의부터 알아보자. 자본주의란 개인의 권리 또는 소유의 원칙에 기본을 두고 있는 사회적 제도를 가리킨다. 이것은 다분히 정치적 관점에서 본 정의이다. 그러나 경제적 관점에서 본 정의는, 자본주의란 하나의 경제이념으로서 생산수단과 분배수단을 개인이나 민간 회사가 소유하고 있으며 자유시장에서 얻어진 이윤이 축적되고 재투자되는 것과 비례하여 발전하는 경제체제이다. 그런데 이 두 가지 정의는 서로 보완한다고 할 수 있으나 굳이 우선순위를 따진다면 개인 소유권을 인정하는 정치적 정의가 먼저라고 볼 수 있다.

한때 자본주의(capitalism)라는 단어를 언제, 누가 제일 먼저 사용했다가 학계의 관심이었다. 근대경제학의 아버지이며, 자유방임 사상과 자유무역을 주창한, 1776년 『국부론(The wealth of nations)』의 저자인 애덤 스미스(Adam Smith, 1723~1790)가 아니었으며, 공산주의 사상 이론을 담은 『Communist Manifesto(1848)』와 『Das Kapital(1867)』을 쓴 칼 마르크스(Karl Marx, 1818~1883)도 아니었다. 'Capitalist'라는 단어는 영국인 작가인 아서 영(Arthur Young, 1741~1820)이 그가 1792년에 출판한 『Travels in France』이란 책에서 처음 사용하였다고 한다. 'Capitalism'이라는 단어는 역시 영국인 작가인 윌리엄 새커리(William M. Thackeray, 1811~1863)가 1854년 그의 소설 『The Newcomes』에서 처음 사용하였다고 한다.

시장 자본주의 사상에 첫 번째 타격을 가한 사람은 마르크스였다. 자본주의 자체의 모순 때문에 무너질 수밖에 없다고 그는 주장하였다. 자본주의 자체의 모순이란, 자본주의가 지속되면 부유층 부르주아(bourgeoisie) 계급에 속하는 소수 사람들이 빈곤층 프롤레타리아(proletariat) 계급에 속하는 사람들을 괴롭히게 되는데 이것은 조만간 두 계급 간 충돌이 생겨 결국 사회주의가 성공하여 부르주아 계급은 몰락하고 공산주의 사회가 도래할 것이라고 야심차게 예측하였다. 그의 사상은 1917년 볼셰비키(Bolshevik) 혁명으로 시작된 소련이 수용함으로써 공산 진영의 선두국가로 70년을 버텼으나 개인 사유권이 인정되지 않는 체제 내 모순 때문에 1989년 소련은 해체되었다.

시장 자본주의가 두 번째 크게 도전받은 것은 1929년 대공황이 발생한 후였다. 미국 자본주의의 꽃이라고 여겨지던 주식시장이 붕괴되고 실업률이 50%를 넘어버리자 세계 사람들은 자본주의 체제에 대해 깊은 의구심을 가지게 되었다. 그러나 다행히 영국의 경제학자 케인스(John Maynard Keynes, 1883~1946)가 1936년 저서 『The General Theory of Employment, Interest and Money』를 출판함으로써 자본주의 사상의 추락을 막을 수 있었다. 민간 소비와 기업 투자가 멈춘 상태에서 정부가 주도하여 총수요를 진작시켜 대공황을 극복할 수 있었다. 이로써 자본주의 경제체제가 여전히 건실하다는 사실을 입증한 셈이었다.

역사적으로 자유시장 자본주의의 위상을 크게 흔들어놓은 세 번째 사건은 2008년에 있은 글로벌 금융위기이다. 미국의 투자은행 리먼 브라더스(Lehman Brothers)의 파산을 시작으로 대형 투자은행이 줄줄이 파산하고 보험회사를 포함하여 전 은행권에 파산 위협을 안겨주었던 글로벌 금융위기는 자유시장 자본주의를 택하고 있는 나라들에 많은 불안감을 안겨주었다. 미국발 금융위기는 경제불황으로 이어졌으며, 미국을 비롯하여 일본 등의 경제불황은 유럽 남부 5개국에 치명타를 가했다.

2) 약진하고 있는 중국의 국가자본주의

중국은 1970년대 말, 사회주의 계획경제체제에서 사회주의 시장경제체제로 전환한 지 30년 조금 지났는데 경제 사정은 엄청나게 좋아졌다. 지난 30년 동안 중국 경제는 실질소득이 매년 10%씩 성장했다. 2012년 중국은 명목 GDP가 구매력평가 기준으로 $12.4trillion 달러로서, 미국의 $16.6trillion 달러 다음으로 세계 2위 경제대국이 되었다. 물론 12억 명이 넘는 인구 때문에 1인당 GDP는 구매력평가 기준으로 $9,162달러로 세계 92위로 밀려난다. 그러나 국가별 무역 규모를 보면 가공할 만하다. 2012년 총수출은 $2.02 trillion 달러로 세계 1위이고 총수입은 $1.78 trillion 달러로 세계 2위이다. 중국의 4대 수출국은 미국(17.2%), 홍콩(15.8%), 일본(7.4%), 그리고 한국(4.3%)이다. 5대 수입국은 일본(9.8%), 한국(9.2%), 미국(7.1%), 독일(5.1%), 그리고 호주(4.3%)이다.

외환보유고도 $3.3 trillion 달러로 세계 1위이다.

전에는 공산국가였으며 소위 최빈국 그룹에 속했던 중국이, 지난 30년 동안 노력하여 이제 세계 2위 경제 강국이 된 이유는 과연 무엇일까? 그것은 바로 1978년에 본격적으로 시작한 경제개방과 경제개혁 때문이었다. 경제개혁은 자본주의 시장 원리를 도입하는 것이었다. 중국의 경제개혁은 2단계에 걸쳐서 실행되었다. 1단계는 1970년대 말과 1980년대 초기에 진행되었는데, 집단농장 해체, 외국인 직접 투자 유치, 기업가의 창업 유도 등이 포함된다. 그러나 대부분의 산업은 국가 소유물이었다. 2단계 개혁은 1980년대 말과 1990년대 기간 중에 추진되었다. 국영산업의 민영화, 가격관리제도 폐지, 탈규제, 무역규제 완화 등을 실시하였다. 그 결과 2005년 민간 부문이 GDP 전체에서 차지하는 비중이 70%나 되었다.

신흥국과 개도국은 중국의 국가자본주의 또는 독재자본주의에 흥미를 가지는데 특히 아프리카의 자원부국들이 국가자본주의에 관심이 많다. 중국의 국영기업은 정부의 지급 보증과 지원을 받아 서방국보다 훨씬 쉽게 아프리카 자원부국에 접근할 수 있다. 희소 자원의 확보뿐 아니라 양국 간 친선관계를 유지함으로써 자원의 안정적 공급을 기대할 수 있다. 이렇게 되면 중국은 글로벌 경쟁 시장에서 쉽게 우위를 차지할 수 있다. 그러므로 중국의 국가자본주의 모델과 서방의 시장자본주의 모델은 서로 경쟁관계에 있다고 보는 것이 맞다.

중국의 경우 거대한 규모의 정부투자 프로젝트와 시장 기능을 적절히 결합함으로써 대형 투자 관련 위험과 불확실성을 제거할 수 있었으며, 이로써 절대빈곤 문제를 해소할 수 있었다는 주장도 다소 설득력이 있다. 그러나 아직도 미진한 자본개방과 개인의 정치적 자유를 억압하는 1당 국가자본주의의 원천적인 약점은 여전히 남아 있어서, 중국 경제의 장기발전은 앞으로도 지켜볼 일이다.

중국 경제의 급부상이 우선 서방세계의 금융위기와 궤를 같이 하고 있음을 주지할 필요가 있다. 중국 경제의 급부상이, 자유주의 시장경제를 채택하고 있는 국가들에게 큰 위협이 되고 있다. 중국 경제의 급부상과 커지기만 하는 한국 수출의 중국 의존도 때문에 한국의 자유시장 자본주의가 점차 위축될 것이라는 우려는 떨쳐버릴 수 없다.

3) 불안정한 달러 중심 국제통화제도

1944년 7월 1일부터 3주 동안 44개국 우방국에서 총 730명의 대표단이 미국 뉴햄프셔 브레튼 우즈에 모여 IMF와 World Bank를 설립하기로 합의하였으며, 당시 제2차 세계대전이 끝날 무렵 초강대국인 미국의 달러 화폐를 국제통화로 하자는 데 모두 기꺼이 동의하였다. 그것도 달러를 금에 연결시켜 언제든지 금으로 바꿀 수 있으며, IMF가 중심이 되어 관리되는 고정환율제도였기 때문에 일명 브레튼 우즈 체제(Bretton Woods System)의 출범에 모두들 흔쾌히 동의하였다. 이렇게 해서 시작된 달러 국제통화제도는 1971년까지 잘 굴러갔다.

그러나 미국이 월남전에 개입하면서 달러가 대량 살포되자 달러에 대한 신뢰가 약화되면서 달러의 금태환성이 의심을 받게 되자 외국인의 달러 기피 현상이 시작되었다. 이러한 사실을 간파한 미국은 1971년 8월 15일 일방적으로 달러의 금태환성을 금지하였으며, 이로써 기존의 고정환율제도는 막을 내리고 일반변동환율제도(Generalized Floating System)라는 새로운 변동환율제도의 막이 올랐다.

미국, 캐나다, 멕시코 3국이 NAFTA를 결성하여 교역량 확대를 시도하자 유럽도 여기에 자극을 받아 유럽 시장을 통합하였으며, 자국 통화도 포기하고 유로화를 단일 화폐로 결정하였다. 그리하여 미국 달러화와 유럽 유로화가 세계의 양대 화폐로 인정받은 상황이 되었지만 그것은 얼마 가지 못하였다. 17개 유로존 국가들이 경제위기를 겪게 되자 유로화의 국제결제비율은 금방 밑으로 떨어졌다. 미국의 경제력이 약해져서 예전과는 다르지만 그래도 미국 경제는 상대적으로 가장 믿을 만한 나라로 인식되어 세계 많은 사람들은 아직도 달러를 국제결제에 사용할 뿐만 아니라 가치저장 수단으로도 사용하고 있다. 이것이 향후 오게 될 글로벌 환율위기의 단초가 된다.

과거 미국의 중앙은행인 연방준비은행은 미국 내의 경제 조건과 정치 여건에 치우치지 않고 국제 외환시장에서 달러 가치 안정을 유지하는 데에 더 많은 신경을 썼다. 그러나 지금은 그렇지 않다. 미국 정부는 대외적으로 달러 가치를 적정 수준으로 유지하기보다는 국내 일자리 만들기에 우선순위를 주고 있기 때문에 그 결과 미국은 지난 4년간 엄청난 규모의 통화를 계속 찍어내는 양적완화를 수행해왔다. 만일 혹시라도 미국 달러를 기피하는 현상이 나타나면 국제금융 질서는 즉시 대혼란을 맞게 된다.

4) 미국 양적완화 축소의 후폭풍

미국의 양적완화는 중앙은행이 수행하는 비전통적인 통화확대 정책이다. 전통적인 통화확대 정책은 중앙은행이 성장과 고용을 늘리기 위하여 기준금리를 인하하면서 통화확대를 펼치는 것인데, 이미 금리가 제로에 가까운 상태에서는 통화를 늘려도 금리가 더이상 내려갈 수가 없기 때문에 전통적인 통화정책을 쓸 수가 없다. 이때는 중앙은행이 은행금융기관을 포함하여 민간 금융기관으로부터도 장기채권을 대량 사들임으로써 장기금리 인하를 유도함으로써 민간 투자를 독려하는 동시에 물가 심리를 조금 부추김으로써 오랫동안 작용했던 가격 디플레이션 함정에서 빠져나오고자 할 때 사용한다.

미국은 2008년부터 지금까지 총 3차례에 걸쳐 양적완화를 실시하여 왔다. 1차 양적완화는 글로벌 금융위기 발생 후인 2008년 11월 미국 중앙은행이 $6,000억 달러어치의 주택저당채권을 매입함으로써 시작되었다. 2차 양적완화는 2010년 11월에 시작되었는데 내용은 2011년 6월 말까지, $6,000억 달러의 미 재무성 증권을 매입하기로 하였다. 3차 양적완화는 작년 2012년 12월 시작되었다. 미연준의 12인 공개시장위원회(FOMC)에서 11대 1의 압도적 다수로 3차 양적완화가 결정되었는데 지지부진한 경기회복을 가시화하고, 실업률이 7$ 이하 수준으로 내려올 때까지 양적완화는 계속될 것이라고 발표하였으며 총 매입 규모도 올렸다. 매월 $450억 달러어치 재무성 증권과 $400억 달러어치의 장기주택저당채권을 2013년 연말까지 사들이기로 하였으며, 내년 2014년 중반쯤 가서 양적완화를 종료하더라도 저금리는 계속할 것이라고 성명을 발표하였다.

그런데도 불구하고 지난 7월부터 미국이 양적완화를 축소할 것이라는 소문이 나돌아 8월, 9월 미국 FOMC 회의 발표를 전후로 하여, 글로벌 채권시장에서 채권의 투매 현상이 일어나고 채권가격이 폭락하는 상황이 전개되기도 하였다. 미국 경제가 빨리 회복되어야 우리 경제도 좋아질 것인데 회복 시기는 불확실하다.

5) 일본 아베노믹스의 후폭풍

사실 양적완화의 원조는 미국이 아니라 일본이다. 2000년대 초반에 지독한 디플레 증후군을 치유하기 위하여 일본중앙은행은 양적완화정책을 도입하였다. 구체적으로 2001년 3월 19일 일본중앙은행은 양적완화정책을 처음 도입하였다. 사실 그해 2월까지만 해도 양적완화는 효과가 없는 것으로 인식되었으나 이왕 내친 김에 확실하게 밀고 나가기로 하고 4년 동안 $3,000억 달러어치의 국채매입을 시도하였다(기존 시중 은행의 밸런스를 5조 엔에서 35조 엔으로 늘렸음). 그리고 일본 장기국채 매입의 규모를 3배로 증액하였다. 2010년 10월 일본은행은 대 달러 엔화 약세를 위해 추가로 $600억 달러어치(5조 엔) 국채와 민간채권을 매입하기로 하였다.

2011년 일본 경상 GDP가 6조 달러 조금 아래이며 일본 정부의 채무는 13.7조 달러로서 230%의 공적채무비율은 매우 우려할 만한 수준이다. 2012년 12월 새 내각의 책임을 맡은 신조 아베 (Shinzo Abe) 총리는 일본 경제의 확대를 위하여 3개의 아베노믹스 (Abenomics) 경제정책을 내세웠다. 아베 총리는 공격적인 양적완화정책, 사회 인프라 투자를 위한 정부지출 확대, 그리고 엔화 약세를 꾀한 정책 패키지를 시행하고 있다.

일본 사람들도 일부 아베노믹스가 실패할 것이라고 아베 총리의 정책을 비판하고 있으나, 대다수 일본 유권자들은 그동안 볼 수 없었던 일로서 과감하게 밀어붙이는 아베 총리를 내심 좋아하고 있다. 2013년 2분기에 들어서 엔화는 달러에 비하여 이미 25% 약세를 기록하였다. 1분기 실업률도 전년 동기 4.0%에서 3.7% 수준으로 내려오는 등, 주요 지표가 좋게 나타나고 있다. 지난주에는 정부 빚을 줄이기 위하여 소비세를 내년 2014년 4월부터 5%에서 8%로 인상하고 이어서 2015년에는 10%로 인상하여 OECD 평균 수준을 유지할 것이라고 발표하였다. 소비세 인상으로 민간 소비가 감소될 것을 우려하여 주식투자 수익에 대한 세금을 감면하고 기업에게 유리한 각종 세제 혜택을 줄 것을 계획하고 있다.

우리에겐 엔화 약세가 별로 반갑지 않다. 미국 시장과 유럽 시장에서 일본과 경쟁하는 고가 상품이 점점 늘어나기 때문이다. 그러나 일본 경제가 전반적으로 좋아지면 우리의 중저가 상품의 수출과 서비스 분야의 대일 수출이 늘어나는 효과도 결코 무시하지 못한다. 여전히 그래도 경제적 불확실성은 예전보다 커진 것이 사실이다.

3. 1960~1990년대 한국 경제발전의 교훈

1) 유도계획(Indicative planning)의 역할

한국은 1962년부터 1997년 외환위기를 맞을 때까지 압축 성장을 이룸으로써 세계의 이목을 끌었다. 명목기준이지만, 1962년 한국의 1인당 GDP는 $87달러였으나 2012년에는 $32,000달러가 넘으며 세계 5대 자동차 생산국이 되었다. 압축 성장기 전반에는 정부가 수출주도 성장전략을 추구하였으며, 시장제도에 의존하면서 대규모 사회간접자본 투자를 정부가 앞장서서 지휘하였다. 후반에는 시장 기능에 더욱 의존하면서 민간 기업의 적극적 투자가 한국 경제를 견인하였다.

한국 경제의 고도성장은 5개년 경제계획전략(5year economic planning strategy) 때문이었다고 볼 수 있다. 우리나라는 과거 7차례에 걸쳐 5개년 경제계획을 실시했다. 1962년부터 시작된 5개년 계획은 1차부터 4차까지 고 박정희 대통령(1917~1979)이 직접 기획하고 리드해 나갔다.

　민주주의국가의 경제계획은 공산주의국가의 경제계획과는 아주 다르다. 계획의 설정부터 다르다. 공산주의 경제계획은 공산당 고위층에서 계획을 설정하여 아래로 내려주어 계획된 목표를 강제로 달성하게 하는 하향식(Top-down) 방식인 강제계획(mandatory planning)이다. 그러나 민주주의국가는 목표 설정에 있어서 국민의 뜻을 크게 반영하는 상향식(Bottom-up) 방식을 택한다. 그리고 일단 장기계획이 설정되면 목표를 달성하기 위하여 강압적으로 하지 않고 국가보조금, 금융지원, 세제감면 등의 여러 가지 유인책을 써서 달성하려 하며 국내외 여건이 달라져서 목표달성이 어렵다고 판단되면 다시 목표를 신축적으로 수정하기도 하는 유도계획(indicative planning) 방식을 택한다.

　이러한 유도계획을 처음으로 실시한 나라는 프랑스이다. 프랑스는 제2차 세계대전 직후 유도계획 방식을 택함으로써 전쟁으로 파괴된 경제를 빨리 일으킬 수 있었다. 우리도 7차례 경제계획 기간 중 주로 유도계획 방식을 택함으로써 고도 경제성장의 성공을 이룩할 수 있었다.

　우리나라 경제계획 시스템은 다음과 같이 설명될 수 있다. 사람의 몸에 비유하여 머리, 몸통, 양팔, 양다리의 총 6개 부위가 한 몸을 이루는 것과 같이 한국의 주요 6개 기관이 경제계획 시스템을 이루며, 이들이 각자 맡은 직무를 일사분란하게 수행함으로써 우리의 성장계획이 성공적으로 이루어졌다.

경제계획의 시스템을 이루는 6개 기관은 다음과 같다. (1) 머리는 국가지도자에 해당한다. 국가지도자는 하향식(Top-down) 방식과 상향식(Bottom-up) 방식을 병용하여 목표를 설정하고 이의 실시 과정을 처음부터 끝까지 지켜보며 필요시 신속하게 지침을 내려준다. (2) 몸통은 경제계획을 전담하는 경제부처에 해당한다. 우리나라의 경우 경제기획원(Economic Planning Board)이 그 직무를 담당하였다. (3) 양팔 중 한 팔은 정부출연 연구기관에 해당한다. 연구기관의 박사와 전문가들은 경제계획과 관련하여 경제 전반에 걸친 연구를 수행하며 고성능 컴퓨터와 고도의 계량경제기법을 사용하여 경제계획의 효과를 추정하고 예측하는 과제를 수행한다. (4) 또 한 팔은 언론에 해당한다. 언론은 경제계획의 목표가 과연 민의를 제대로 반영하였는지, 여러 목표가 서로 상충되는 부분은 없는지 점검하며, 그리고 꼭 필요한 새로운 목표를 추가적으로 넣거나 아니면 필요하지 않은 목표는 미리 제거하도록 건의할 수가 있다. (5) 한 발은 예산지원 부서에 해당한다. 국내 저축을 동원하거나 장기차관을 해외로부터 차입함으로써 일단 예산이 확보되면 이것을 필요한 부문에 예산을 배정하고 대형 정부투자를 지원하는 역할을 수행한다. (6) 또 한 발은 통계지원을 담당하는 정부 부처에 해당한다. 이 6개 지체 중에서 중요하지 않은 부위는 한 개도 없다. 통계도 마찬가지이다. 통계가 없이는 한 발짝도 제대로 내딛을 수가 없다. 통계가 있어야 계획안을 만들 수 있으며 통계가 있어야 국제기구로부터 장기저리차관을 빌려올 수 있다. 통계가 있어야 다른 부처도 그것을 참조하여 일을 할 수가 있기 때문이다.

2) 고도성장기의 목표성장률과 실제성장률

5년 단위 경제계획이 7차례 진행되는 동안, 목표성장률과 실제 성장률을 서로 비교해보면 우리나라의 정권이 변동됨에 따라 우리 경제의 흐름이 달라진다는 사실을 알 수 있다. 제1차 계획기간은 1962~1966년인데 5년 평균 목표성장률은 7.1%였으나 실제성장률은 7.8%로서 목표를 초과 달성하였다. 제2차 계획기간은 1967~1971년인데 5년 평균 목표성장률은 7.0%였으나 실제성장률은 9.6%로서 목표를 크게 초과 달성하였다. 제3차(1972~1976) 기간의 목표성장률은 제2차 때보다 조금 상향 조정된 8.6%였으나 실제성장률은 9.2%로서 역시 목표를 초과 달성하였다. 제4차 (1977~1981) 계획기간에는 목표성장률이 크게 높여진 9.2%였으나 실제성장률은 5.8%로서 목표달성에 성공하지 못하였다. 그 주된 이유는 1979년 박정희 대통령 시해와 2차 세계 원유파동, 그리고 1980년 농산물 흉작 때문이었다. 제5차 계획기간인 1982~1986년 기간의 목표성장률은 다시 낮게 잡혀진 7.6%였으나 실제성장률은 9.8%로 수직 상승하였다. 이 기간에는 물가, 성장, 무역수지 모두 양호하였다. 제6차 계획기간 1987~1991년 동안에는 목표성장률은 7.3%였으나 실제성장률은 10%로서 목표를 크게 초과 달성하였다. 제7차 5개년 계획은 1992년에 시작되지 않았다.

1992년에 출범한 김영삼 정부는 과거 군사정부체제의 잔재를 걷어내고 민간 정부로서 새로운 체제를 갖추기 위하여 전 정부 때 만들어진 제7차 계획은 폐기하고 1년을 준비한 후 새로 제7차 1993~1997년 계획을 만들어 추진하였다. 제7차 계획기간의 목표성장률은 7.6%였으나 실제성장률은 9.8%로서 역시 초과 달성하였다. 그러나 사실은 YS 정부 말년부터 국내외 경제 여건이 급속도로 악화되었으며, 결국 아시아 외환위기의 희생물이 되면서 1997년 12월 4일 IMF에 경제주권을 넘겨주는 국가적 치욕을 맞게 되었다. 1997년 성장률은 5.8%였으나 1998년에는 -5.7% 성장률을 기록하였으며, 그때부터 한국의 경쟁력은 쇠퇴하기 시작했다. 1999년 10.7%, 2000년 8.8%의 높은 성장률을 유지하는가 싶더니, 2001년 4% 수준으로 급락하였으며, 2009년 글로벌 금융위기 때 성장률은 0.3%를 기록하였다. 그때를 전환점으로 하여 한국은 낮은 한 자리 저성장 시대로 돌입하였다는 평가를 받고 있다.

한국이 7차례의 5개년 경제계획을 경험하는 동안 경제체제는 기본적으로 자유시장 자본주의 경제였다. 경제발전 초기에는 시장기능이 활성화되지 않은 상태에서 정부의 역할이 필요하다. 정보력이 우세한 정부가 대형 공공투자를 계획하고 실시함으로써 투자의 효율성을 높일 수 있다. 한국 경제성장의 성공이 5개년 경제계획 전략 때문이라고 할 수도 있겠지만 경제계획의 방법, 시행절차 등은, 1당 정치체제 사회주의국가에서 시행되는 경제계획과는 차원이 다르다. 사유재산권을 인정받지 못하고 모든 생산자원을 국가가 분배하고 모든 생산물을 국가가 배급하는 사회주의국가에서의 경제계획은 비효율의 표본이 된다.

〈그림 1〉은 1971~2012년 기간 동안 한국의 GDP 성장률 추이를 보여준다. 2010년 이후부터 한국은 저성장 추세가 현저하다. 그럼에도 불구하고 한국 경제의 2013년 9월 현재의 상황은 OECD 회원국으로서 선진국의 면목을 충분히 갖추고 있다. 한국은 자유시장 경제로서 명목 GDP 기준으로 세계 15위이며 구매력평가 기준으로는 12위국으로 명실상부하게 G20 국가이다. 2012년 구매력평가 기준 1인당 GDP는 $32,000달러 수준을 넘었다. 2010년 현재, 무역 규모와 관련하여 한국은 세계 7위 수출

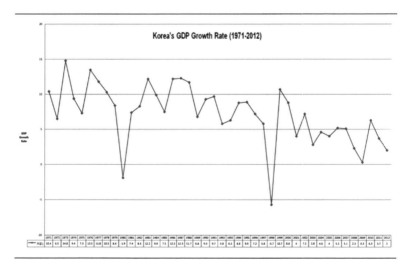

〈그림 1〉 한국의 GDP 성장률 추이(1971~2012)

국이며 세계 10위 수입국이었다. 2009년에는 한국이 해외원조 (ODA)를 받던 날에서 ODA를 주는 나라로 전환하였으며, 2008~ 2009년 지출한 해외원조 총 금액은 $1,7billion 달러를 넘었다.

4. 여야 간 갈등구조를 감안한 경제정상화 방안

지금까지 우리는 글로벌 불안정 및 불확실성 시대의 특성을 살펴 보고 이것들이 우리 경제에 어떤 충격을 주고 있는가를 점검해보 았다. 자유시장 자본주의가 흔들리고 달러 중심의 국제통화제도가 불안정한 상황에서 한국 경제의 중장기 전망도 불투명할 수밖에 없으며, 경제도 정상적으로 흘러가기 어려울 것으로 예상된다. 미 국의 양적완화와, 일본의 양적완화 및 아베노믹스도 그들이 성공 하든 하지 못하든 우리에게는 불확실성의 증가로 올 것이기 때문 에 결국 우리 경제에 부담으로 작용할 것이라는 것이 식자들의 지 배적 견해이다. 글로벌 불확실성 시대에 이러한 난관을 헤쳐 나가 기 위하여 다음의 대비책을 마련할 필요가 있다.

1) 중장기 적정 성장률 달성을 위한 유도계획

우리나라의 국내 정치 상황을 보면, 여야 간 대립의 골이 깊기 때 문에 정책의 합의가 어렵다. 그래서 실기하는 경우도 많다. 이런 현상은 앞으로도 크게 달라질 것 같지 않다. 대립되는 정책 안을 놓고 양당이 연말까지 버티기를 기다리는 것보다, 시간 여유가 다소 있는 중장기 사안은 정치적으로 국민경제에 책임을 지고 있는 집권 여당이 미리 준비하여 자체적으로 해결할 수 있어야 한다. 앞에서 소개된 유도계획 시스템을 가동하여 해결해갈 수 있다. 예컨대 3~5년 평균 목표 GDP성장률, 목표 물가상승률, 목표 국가채무 비율 등의 중장기 목표 설정은 여당이 자체적으로 기획하고 이를 정부에 건의함으로써 국정을 리드해갈 수 있다.

우리나라는 아직도 잠재성장률의 개념이 모호하며 적정 성장률과의 관계가 분명하지 않다. 잠재성장률의 원래 의미는 자본, 노동, 기술 등 가능한 모든 자원을 사용하여 추정한 성장률이어야 하는데 실제로는 추정하기가 어렵다보니 중장기 추이를 대신 사용하기도 한다. 그러나 이 방법은 과거 추이에만 의존하기 때문에 그만큼 통계적 편기(Statistical bias)가 있게 마련이다. 적정 성장률은 거시경제방정식에 입각하여 목표무역수지, 목표인플레율, 목표통화공급률을 감안한 성장률이 된다.

2) 경제 안정화 방안

(1) 환율 타기팅

환율은 선진국이든 개도국이든 수출입 업자들과 투자자들이 가장 예민한 반응을 보이는 변수이다. 지금은 우리의 경제 규모가 크기 때문에 정부와 한국은행이 외환시장에 개입하여 100% 효과를 보기는 어려우나 여전히 환율에 조금은 영향을 줄 수 있다. 외환시장에 개입하려면 목표환율을 설정해야 한다. 중장기 상황을 고려하여 목표환율을 범위기준으로 타기팅(range targeting)하고 명목 및 실질실효환율 지수를 활용하여 현재 환율이 지수 환율에서부터 어느 정도 떨어져 있는가를 확인함으로써 외환시장에 개입할 수 있는 범위를 사전에 결정한다.

환율 타기팅을 하면 외환투기가 더 극성을 부린다는 주장이 있다. 그런 측면이 있다. 예컨대, 목표환율 범위를 일단 정해놓으면, 실제 환율이 어느 쪽이든 한계선 수준에 가까이 가면 환투기 꾼들은 외환당국이 반드시 개입할 것이라 지레 짐작하고 대량의 환투기를 시도할 것이다. 그러므로 환율의 제2 목표범위를 정해놓는 것이 필요하다. 그래서 비록 실제 환율이 제1 목표범위를 넘어서도 제2범위를 넘어가지 않고 곧 다시 제1범위 내로 돌아갈 조짐이 보이면 외환시장 개입을 하지 않을 수도 있다고 미리 밝혀두는 것이다.

(2) 적정 인플레 타기팅

적정 성장률 타기팅과 함께 적정 인플레 타기팅도 매우 중요하다. 이 두 가지가 결정되면 적정 통화공급률이 결정될 수 있기 때문이다. 중앙은행이 일단 인플레 타기팅을 선언하고 발표하면 그 자체로서 인플레 기대심리를 진정시킬 수 있다.

거시경제 장기균형 방정식은 (1)과 같이 나타낼 수 있다.

$$Py = MV \qquad (1)$$

(1)식의 변동율을 적용하면 (2)식이 유도된다.

$$\% \triangle P + \% \triangle y = \% \triangle M + \% \triangle V \qquad (2)$$

(2)식에 근거하여 (3)식이 유도된다.

$$인플레율 + 성장률 = 통화공급률 + 유통속도 변동률 \qquad (3)$$

여기서 이론적으로 유도된 것을 실제에 적용하려면 경험이 필요하다. 6개월 기준 또는 1년 기준으로 해서 상기 방정식 결과를 무리하게 적용하기보다는 2~3년 평균 수치를 목표치로 설정함이 바람직하다.

5. 결론

세계 역사상 글로벌 불확실성이 지금처럼 팽배한 적이 드물다. 오바마 대통령이 원하는 국민의료보험 개혁안을 지금 야당인 공화당이 부결함으로써 미국 정부의 창구가 일시 폐쇄되었다. 한편 자유시장 자본주의가 빛을 잃어가고 있는데 사회적 자본주의는 오히려 빛을 내고 있어서 자본주의 체제가 지금 흔들리고 있다. 달러 중심의 국제통화제도는 불안하다.

이런 상황에서 우리 경제는 더욱 불리하다. 지난 10여 년간 산업경쟁력이 꾸준히 약화되어 왔으며, 몇 개의 대기업 이외는 국제경쟁력을 가진 기업이 별로 없다. 2013년 박근혜 정부가 들어서서 야심찬 정책을 펴고자 하나 경제회복이 느리고 재정 사정이 여의치 않아 아직 경제 엔진에 발동이 걸리지 않고 있다. 그리고 여야 간의 대립이 새 정부 초반부터 강경하여 민생법안 처리가 계속 늦어지고 있다. 그래서 우리 경제가 지금 정상적으로 가동되고 있지 않다.

이런 상황에서 여야 대결 국면이 누그러지지 않더라도 우리 경제가 정상적으로 굴러가도록 시스템을 만들어놓는 것이 필요하다. 시장 기능에도 의존하는 한편 정부의 스마트한 개입을 유도하는 사전장치가 필요하다.

개별 기업과 개인이 경제활동을 자유롭게 하더라도 지금처럼 경제의 불확실성은 높고 정보는 넘쳐흐르는 시대에 쉽게 방향감각을 잃고 좌초하거나 서로 충돌하는 경우가 많다. 불확실성이 높은 시대에 정부의 역할은 당연히 정당화된다. 이때 새로운 기업정보를 제공하고 건전한 규제로 경제의 원활한 흐름을 안내하는 경제 관제탑을 설치할 필요가 있다. 국내외 경제환경이 불안한 상황에서 경제 관제탑의 설치와 기능 강화는 여야 대립 관계없이 조속히 시행되어야 한다.

과거 1960~1970년대에 정부주도의 경제계획 전략을 지금 그대로 답습하는 것은 비합리적 대처방안이다. 하지만 지금 고도의 불확실성 시대에 모든 것을 막연히 시장 기능에만 맡기는 것은 무지한 조치이다. 시장에 맡길 것은 맡기되 불확실성과 외부불경제가 관련된 민감한 사안은 정부당국이 선제적으로 해결할 수 있어야 한다.